지역사회복지 플랫폼

– 사회복지공무원의 지역사회복지 이야기

채수훈

KNOWLEDGE COMMUNITY 공동체

머리말

우리나라의 사회복지 전달체계는 보건복지부 – 특별시·광역시·도 – 시·군·구 – 읍·면·동의 4단계로 이루어져 있다. 최일선 행정기관인 읍·면·동 행정복지센터는 맞춤형복지계에서 지역사회복지 업무를 담당하고 있다. 행정용어인 맞춤형복지란 국가가 개개인의 상황에 맞게 교육이나 의료, 주거, 직업 훈련, 노후 생활 따위의 복지를 지원하는 제도를 일컫는다. 즉, 기존의 개별적 복지서비스가 아닌 통합적 복지서비스 지원이라 할 수 있다. 시·군·구에서는 희망복지지원단을 중심으로 맞춤형복지 업무를 총괄·조정·지원하고 있다.

필자는 1993년에 사회복지공무원으로 임용되어 지난 27년여를 기초자치단체에서 근무해 왔다. 그동안 정부의 맞춤형복지 정책 일환인 찾아가는 보건복지서비스, 지역사회보장협의체, 통합사례관리 등 업무를 추진해 왔다. 공공복지 현장에서 발로 뛰면서 정책과 복지서비스 사이에 많은 혼란과 갈등을 겪어왔다. 이 같은 문제 해결을 위하여 칼럼, 연구, 정책개선, 사례 등 틈틈이 써온 글들을 용기를 내어서 한데 모아 책으로 엮게 되었다. 이 책은 지역사회복지사업과 맞춤형복지의 잡기라 할 수 있다.

이 책을 쓰게 된 원동력은 다산 정약용의 실사구시, 즉 사실에 바탕을 두어 진리를 탐구하는 정신이 바탕이 되었다. 지역사회복지 현장은 항상 변화무쌍하다. 주민 욕구에 맞는 맞춤형 복지서비스를 지원하기 위하여 행정업무 처리뿐만 아니라 틈틈이 복지 현장을 내 집처럼 누벼야 한다. 지역사회복지 실천 사상의 뿌리가 되어준 것이 다산사상이었으며 롤모델이 되었다.

이 책의 특징은 첫째, 읍·면·동 지역사회복지 관련 이론과 정책, 법령 내용을 체계적으로 정리하였다. 둘째, 읍·면·동 행정복지센터와 지역사회보장협의체의 지역사회복지사업에 초점을 두었다. 셋째, 지역사회복지사업의 사례는 익산시 영등1동행정복지센터와 복지정책과 맞춤형복지지원계에서 근무했던 업무 내용을 주축으로 했다. 넷째, 읍·면·동 공공복지 확대에 따른 지역사회복지를 배우고자 하는 민간 사회복지사, 사회복지 대학생, 지역사회보장협의체 위원 등이 폭넓게 활용할 수 있도록 꾸몄다. 이 책을 바탕으로 공공복지 현장의 작은 울림과 반향이 전국 지역사회에 널리 퍼져나가기를 소망해 본다.

끝으로 이 책은 영원한 동행자인 지역주민이 있기에 출간할 수 있었다. 남은 공직생활 동안에도 늘 주민 곁에서 정의로운 복지행정을 펼치기 위하여 절차탁마할 것을 다짐해 본다. 공직자의 고전인 정약용의 『목민심서』가 오늘도 게으름을 탓하며 올바른 복지 길을 찾을 수 있도록 나침반의 역할을 해주었다. 익산 주민과 영원한 스승 다산에게 다시 한번 존경을 표한다. 인내심을 가지고 교정을 해준 아내 이숙현에게도 고마움을 전한다.

2021. 6. 15.

익산 지역사회복지 현장에서

채수훈

차 례

■ 일러두기

책 용어는 다음과 같이 통일하여 표기하였다.

1. 지역사회복지 범위 → 시 · 군 · 구, 읍 · 면 · 동
2. 지역복지 → 지역사회복지
3. 사회보장정보시스템 → 행복e음
4. 맞춤형복지팀 → 맞춤형복지계
5. 찾아가는 보건복지팀 → 찾아가는 보건복지계
6. 사회복지대상자의 성명 → 가명 기재
7. 특별시, 특별자치시, 광역시, 도, 특별자치도 → 특별시 · 광역시 · 도
8. 시 · 군 · 구 : 226개소(2019. 12. 기준)
9. 읍 · 면 · 동 : 3,491개소(읍 230, 면 1,182, 동 2,079. 2019. 12. 기준)
10. 사회복지직 공무원, 사회복지전담공무원 → 사회복지공무원
11. 사회복지공무원 수 : 26,076명(2019. 12. 기준)

제1장
지역사회복지 이론과 정책

정부의 지역사회복지 정책 방향

문재인 정부가 2017년 5월에 출범하였다. 사회복지 대표 공약은 포용적 복지국가 정책으로 요약된다. 특히 눈에 띄는 것은 지방자치단체와 최일선 행정기관인 읍·면·동 행정복지센터 중심의 지역사회복지 정책이 봇물 터지듯 쏟아져 나왔다는 점이다. 이 정책이 추구하는 주민의 삶의 질 향상과 공동체 가치 회복을 위한 행정혁신의 변화 바람이 불고 있다.

시·군·구 중심의 지역사회복지사업은 크게 네 가지이다. 먼저 2019년부터 전국 읍·면·동에 찾아가는 보건복지서비스와 주민자치형 공공서비스 사업을 확대해 시행하고 있다. 지역사회통합돌봄은 2019년 6월부터 2년간 16개 시·군·구(노인 돌봄 : 부산 북구·진구, 광주 서구, 경기 부천시·남양주시·안산시, 충북 진천군, 충남 천안시·청양군, 전북 전주시, 전남 순천시, 경남 김해시, 제주 서귀포시. 장애인 돌봄 : 대구 남구, 제주도 제주시. 정신질환자 돌봄 : 경기 화성시)와 사회서비스원은 6월부터 6개월간 4개 시·도인 서울특별시, 대구광역시, 경기도, 경상남도에서 선도 사업을 시행하고 있다. 정부의 읍·면·동 지역사회복지 정책 추진단계를 요약하면 <표 1>과 같고, 그 정책용어는 <표 2>와 같다.

이 같은 정부의 복지정책이 지방자치단체 중심으로 재편된 원인은 무엇 때문일까?

먼저 그 정책 배경을 살펴보자. 첫째, 끊임없는 복지 사각지대와 위기가구 발생이다. 자살자 수는 2016년 13,092명으로 하루 36명꼴이다. 경제협력개발기구 국가의 2.4배에 이르고 있다. 2014년 송파 세 모녀 자살 사건부터 2019년 진주 정신질환자 살인·방화사건 등 복지 사각지대 발생으로 사회적 위험이 가중되고 있다.

둘째, 2025년경 초고령사회 도래이다. 노인 인구는 이미 2000년에 고령화 사회와 2017년에 고령사회에 진입하였다. 2025년 무렵에 65세 인구가 20%를 초과하는 초고령사회에 진입할 것으로 전망하고 있다. 늙어가는 나라의 도래에 따른 노인의 질병, 빈곤, 소외 등 사회문제는 매우 심각해질 전망이다.

셋째, 주민의 자치 소외와 공동체의 붕괴이다. 주민의 사회적 참여 욕구는 갈수록 늘어가고 있다. 사회변화에 따른 민·관 협력을 넘어서 직접 참여 형태의 자치행정이 중요해졌다. 한편 급격한 사회변화로 1인 가구는 2015년에 27.1%를 차지하고, 2025년에는 31.3%까지 늘어날 전망이다. 기존 4인 가족 체계는 급속히 붕괴하고 나홀로 가족이 점차 증가하고 있다.

넷째, 공공 사회서비스의 붕괴이다. 국·공립시설 비율은 어린이집 5.7%, 장기요양시설 2.2%, 의료기관 5.7% 수준에 머물고 있다. 사회서비스 공급체계가 민간에 과도하게 의존하고 있는 셈이다. 이로써 일자리의 낮은 임금과 긴 노동시간, 낮은 수준의 서비스와 서비스 수준 하락 등의 문제점이 발생하고 있다.

정부 지역사회복지 정책의 공통점은 첫째, 읍·면·동 지역에 초점이 맞추어져 있다. 이는 주민과 밀착되어 접근성이 뛰어나기 때문이다. 둘째, 사회서비스의 공공성과 국가책임 강화이다. 어린이집, 요양시설 등 벌써 지방자치단체와 사회서비스원 선도 사업을 통한 국가운영과 서비스 체계가 시작되었다. 셋째, 지방자치단체 자치분권 실현과 주민자치 역량 강화에 있다. 지역사회 문제를 주민 스스로 해결할 때 풀뿌리 민주주의는 땅속 깊숙하게 자리를 잡을 수 있다. 끝으로 미래 지역사회의 사회적 위험 예방에 있다. 급속한 사회변화에 따른 다양한 가족 형태가 등장하면서 나타나는 문제 해결을 위한 선제적 투자라 할 수 있다.

그렇다면 앞으로 정부, 지방자치단체, 주민은 무엇을 어떻게 준비해 나가야 할까?

영화 <관상>에서 관상가 내경은 "밀려오는 파도(다른 사람 관상)는 보았는데, 파도를 몰고 오는 바람(자신의 운명)은 보지 못했다"라고 했다. 지역사회복지 정책 또한 자칫 눈앞의 것만 바라보다가 저 멀리서 시나브로 몰려오는 지역문제를 외면하면 쓰나미에 참사를 당할 수 있다. 파도와 바람, 즉 정책과 지역문제 전체를 조화롭게 바라보아야 한다.

2016년 촛불집회 때 "이게 나라냐"했다. 언젠가 '이게 복지냐' 탄식이 아닌 '이게 복지다'라고 당당히 외칠 수 있도록 정부와 지방자치단체, 주민이 손잡고 나설 때다. 특히 정부는 지역사회 특성에 맞는 다양한 맞춤형 복지정책을 발굴하고 확산시켜 나가야 한다. 시·군·구는 주민자치능력을 키워서 지방자치단체와 민·관 협력을 통한 지역사회 공동체를 특색 있게 창조해 갈 수 있도록 조력해야 한다.

그러기 위해서는 정부가 추진하는 지역사회복지 정책 방향의 올바른 이해가 선행되어야 한다. 미래 지역사회 존립의 위협 요소인 저출산·고령화, 인구감소와 지역 축소, 일자리 부족과 저성장 등 지역사회가 빠르게 변화되고 있다는 현실 인식과 이에 대응해 나가고자 하는 사고의 대전환을 해야 한다. 뚜렷한 사상 없는 실천은 맹목적일 수밖에 없다.

〈표 1〉 정부의 읍 · 면 · 동 지역사회복지 정책 추진단계

연도	내 용	중앙부서
2019~ 2022	• 찾아가는 보건복지서비스 – 기간 : 2019~2022 – 대상 : 전국 3,509개 읍 · 면 · 동 – 인력 : 사회복지공무원(3~4명), 간호공무원(1명) 15,500명 충원 – 기능 : 보건복지 방문팀 상시 운영, 종합상담 제공, 방문 대상 확대, 건강서비스, 실질적 민 · 관 연계체계 구축, 마을복지계획 수립	행정안전부 보건복지부
	• 주민자치형 공공서비스 – 기간 : 2019~2022 – 대상 : 전국 3,509개 읍 · 면 · 동, 226개 시 · 군 · 구 – 인력 : 3,500명(읍 · 면 · 동 1명, 시 · 군 · 구 1명) 충원 – 기능 : 보건복지 전달체계 개편, 읍 · 면 · 동 현장 복지 강화 풀뿌리 주민자치 활성화, 주민 관점의 지역사업 지원	행정안전부
2019~ 2026	• 지역사회통합돌봄 – 기간 : 2019. 6.~2021. 6. – 대상 : 16개 시 · 군 · 구 선도 사업 ◆ 노인 돌봄 : 부산 북구 · 진구, 광주 서구, 경기 부천시 · 남양주시 · 안산시, 충북 진천군, 충남 천안시 · 청양군, 전북 전주시, 전남 순천시, 경남 김해시, 제주 서귀포시(13개) ◆ 장애인 돌봄 : 대구 남구, 제주도 제주시(2개) ◆ 정신질환자 돌봄 : 경기 화성시(1개) – 기능 : 노인, 장애인, 정신질환자, 노숙인 대상으로 거주 지역에서 서비스 제공 수용(병원, 시설)에서 지역단위 재가서비스	보건복지부
2019~ 2022	• 사회서비스원 – 기간 : 2019. 6.~2022 – 대상 : 4개 특별시 · 광역시 · 도(서울, 경기, 대구, 경남) 선도 사업 – 기능 : 국공립 사회서비스 기관 직접 운영, 민간서비스 기관 지원, 관련 종사자의 직접 고용, 재가 서비스의 연계 통합 제공	보건복지부

출처 : 보건복지부 · 행정안전부(2019).

〈표 2〉 정부의 읍·면·동 지역사회복지 정책용어

정책명	정 의
찾아가는 보건복지서비스	읍·면·동에 맞춤형 보건복지계 설치와 전담 인력배치를 통해 찾아가는 복지상담, 복지 사각지대 발굴, 통합사례관리, 지역자원 발굴·지원 등의 서비스를 제공하고, 특히 복지 관련 공공과 민간기관·법인·단체·시설 등과의 지역 네트워크를 기반으로 읍·면·동이 지역사회복지의 중심기관이 되어 주민의 보건·복지·고용 등의 다양한 문제에 능동적으로 대응해 나가는 일련의 활동
주민자치형 공공서비스	주민이 지역사회의 주인으로 참여할 수 있도록 주민의 관점에서 읍·면·동의 기능을 개선하는 사업으로 복지 사각지대 해소를 위해 찾아가는 보건복지서비스를 확대하고 다양한 공공서비스를 주민 관점에서 제공하기 위해 주민생활 현장의 공공서비스 연계를 강화하며, 주민자치 제도적 기반 마련, 읍·면·동 행정혁신 등을 통해 풀뿌리 주민자치의 실질적인 기반 마련
지역사회 통합돌봄	주민이 살던 곳(자기 집이나 그룹 홈 등)에서 개개인의 욕구에 맞는 서비스를 누리고 지역사회와 함께 어울려 살아갈 수 있도록 주거, 보건의료, 요양, 돌봄, 독립생활의 지원이 통합적으로 확보되는 지역 주도형 사회서비스 정책 ※ 돌봄의 복합적 개념 : 주거 + 보건의료 + 요양 + 돌봄 + 독립생활 지원
사회서비스원	기존 민간에 위탁 운영을 맡겼던 국공립 복지시설을 통합 관리함으로써 이를 통해 복지서비스의 질 향상과 관련 종사자의 일자리 안정성 확보, 신규 일자리 창출 등의 효과 도모

정부의 사회복지 전달체계 변천사

사회복지 전달체계란 사회복지정책을 사회복지서비스로 옮기는 사회복지행정 과정에 있어서 사회복지서비스 공급기관과 공급기관 사이와 공급기관과 수혜자 사이를 연결하기 위한 조직적 체계라고 할 수 있다.

사회복지 전달체계 설치 근거는 1999년에 개정된 사회복지사업법 제14조를 보면 "사회복지사업에 관한 업무를 담당하게 하기 위하여 시·도, 시·군·구, 읍·면·동 또는 복지사무 전담 기구에 사회복지전담 공무원을 둘 수 있다"라고 하였다. 그 후 사회복지사업법 근거 조항이 삭제되었고, 2015년에 사회보장급여의 이용·제공 및 수급권자 발굴에 관한 법률에 근거 조항이 신설되었다. 이 법률 제43조에 "사회복지사업에 관한 업무를 담당하게 하기 위하여 특별시·광역시·도, 시·군·구, 읍·면·동 또는 사회보장 사무 전담 기구에 사회복지전담공무원을 둘 수 있다"라고 했다.

정부의 사회복지 전달체계를 살펴보면 <표 3>과 같다. 공공부조와 사회복지서비스 업무는 주로 보건복지부에서 정책, 지침, 사업계획을 수립하여 행정안전부의 지방조직인 시·도의 사회복지국을 통하여 시·군·구에 시달하면 사회복지과 등에서 사업을 시행한다. 사회복지 전달체계가 미확립된 관계로 일반행정 전달체계에 예속되어 있다. 사회복지 수혜자와 밀접하게 필요한 업무는 다시 읍·면·동에 시달되어 시행된다. 기타 공공부조와 사회복지서비스와 관련된 업무는 여성가족부의 보육과 여성, 교육부의 아동 급식과 보육(유치원), 고용노동부의 자활사업, 행정안전부의 자원봉사, 보건복지부의 보건 등이 있다. 이들 업무는

<표 3>에서 보는 바와 같이 독자적인 조직 또는 행정안전부의 지방조직을 통하여 시·군·구 또는 읍·면·동과 연계 또는 협조 속에 수혜자에게 서비스를 전달하고 있다.

〈표 3〉 **정부의 사회복지 전달체계**

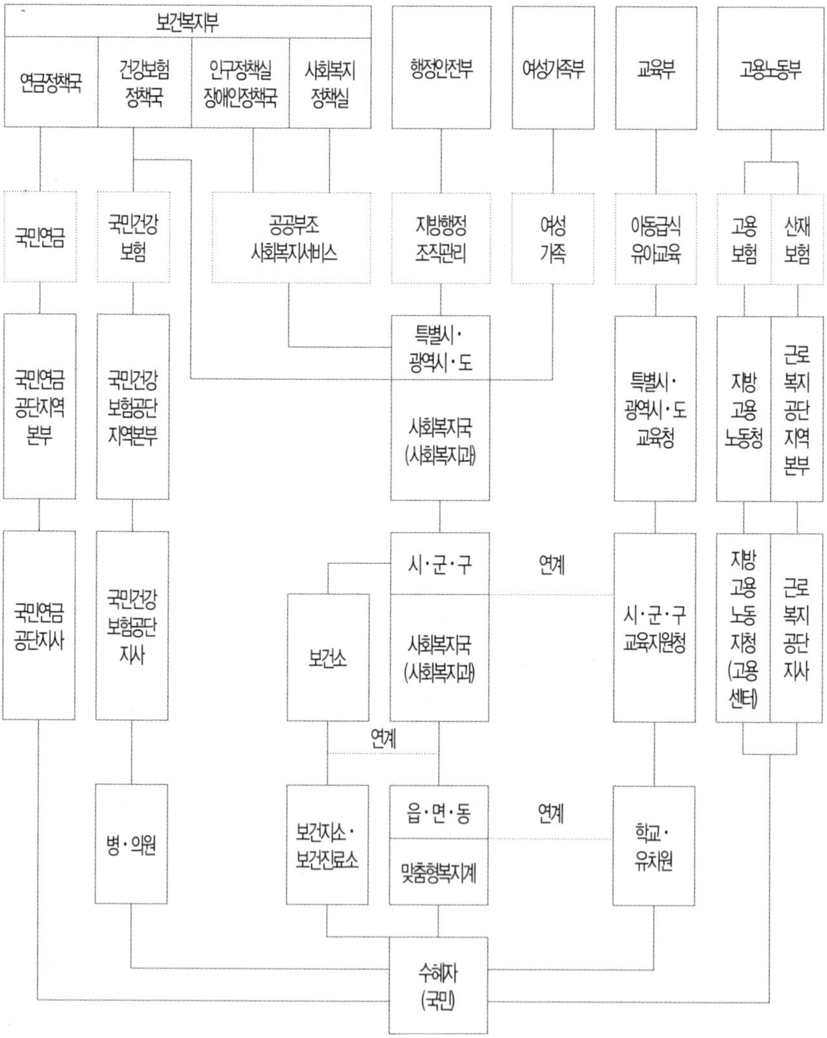

역대 정부의 사회복지 전달체계 개편사업을 5단계로 구분하면 다음과 같다.

1단계는 시범 보건복지사무소 사업이다. 시·군·구 보건소에 사무소를 설치하여 보건복지서비스 연계와 통합 제공하는 정책이다. 시·군·구 조례, 직제 조례 및 보건소 사무분장 규칙에 따라 보건과 복지서비스 통합과 연계방안을 마련하기 위하여 1995년 7월부터 1999년 12월까지 4년 6개월간 실시되었다.

2단계는 시범 사회복지사무소 사업이다. 시·군·구에 복지기능 수행 전담 기구 설치를 통한 복지업무 효율화·전문화 추진과 시·군·구 – 읍·면·동의 전달체계 조정을 위한 시범 사업이다. 사회복지사업법과 지방자치단체의 행정 기구와 정원 기준 등에 관한 규정에 의거 사회복지 전문성 확보를 위하여 2004년 7월부터 2006년 6월까지 2년간 실시되었다.

3단계 주민생활지원서비스 개편이다. 주민의 삶에 밀접한 복지·고용·교육 등의 제공이 핵심이다. 시·군·구 주민생활지원국은 지방자치단체의 행정 기구와 정원 기준 등에 관한 규정에 의거 주민생활지원서비스 통합을 위하여 2006년 7월부터 2007년 6월까지 추진하였다. 동사무소가 동 주민센터로 변경되고 주민생활지원계가 신설되었다.

4단계는 읍·면·동 복지허브화이다. 행정서비스 중심의 읍·면·동 기능을 강화하여 국민의 복지 체감도를 향상하고, 복지 사각지대를 없애기 위한 정책이다. 2016년 4월부터 2017년 4월까지 1년간 시행되었다. 이후 찾아가는 복지서비스로 개편 과정을 걸쳐서 찾아가는 보건복지서비스로 확대되었다.

끝으로 5단계는 주민자치형 공공서비스(찾아가는 보건복지서비스, 주민자치)이다. 찾아가는 보건복지와 더불어 행정혁신, 마을공동체 역량 강화

등 종합적 시각의 읍・면・동 기능 개선 사업을 전담 수행하는 정책이다. 2017년부터 현재까지 읍・면・동을 중심으로 추진되고 있다.

이 같은 역대 정부의 사회복지 전달체계 개편 과정을 요약하면 <표 4>와 같다.

〈표 4〉 역대 정부의 사회복지 전달체계 개편 과정

사업명	기간	지방자치단체	내 용
보건복지 사무소 시범 사업	1995~ 1999년 (4년 6개월)	5개 시・군・구	• 기구개편 : 시・군・구 보건소에 복지서비스 전담과 설치 • 인력 : 읍・면・동 사회복지전문요원을 사무소로 흡수・통합하여 운영
사회복지 사무소 시범 사업	2004~ 2006년 (2년)	9개 시・군・구	• 기구개편 : 시・군・구에 한시 기구 형태로 사회복지사무소를 설치하고, 지역 실정에 맞게 사회복지사무소 소속 1개 과, 인력보강 • 인력 : 읍・면・동의 사회복지공무원을 통합운영(사무소 소속 전환)
주민생활지원 서비스 개편	2006~ 2007년 (1년)	전국 시・군・구	• 기구개편 : 시・군・구 주민 생활 관련 조직을 통합하고, 시・군・구는 급여조사 결정 등 전문기능, 읍・면・동은 현장 방문과 신청・접수 업무 중심으로 재편 • 인력 : 조사・결정 기능 이관에 따른 읍・면・동 인력을 시・군・구로 이동 ※ 명칭변경 : 동 사무소를 동 주민센터로 변경
읍・면・동 복지허브화	2016~ 2017년 (1년)	전국 읍・면・동	• 기구개편 : 읍・면・동에 맞춤형복지 전담계 구성・운영, 복지담당 인력 전문성 강화・처우개선 등 관리강화 • 인력 : 2014~2017년 복지인력 6천 명 확충분을 맞춤형복지 전담계 구성하는 읍・면・동 복지허브화 배치 우선
주민자치형 공공서비스	2017년~ 현재 (지속)	전국 읍・면・동	• 기구개편 : 찾아가는 보건복지서비스 확대, 보건복지 분야 통합사례관리, 주민참여형 서비스 제공기반 마련 • 인력 : 2018~2022년 보건복지 인력 1.5만 명을 확충하여 읍・면・동에 배치 추진

사회복지 전달체계를 구조·기능상으로 보면 행정체계와 집행체계로 구분된다. 행정체계는 서비스 전달을 위한 계획, 지원, 관리 기능을 수행한다. 집행체계는 서비스 전달자와 고객이 대면적 상호관계를 이루면서 일정한 장에서 서비스(개입)를 전달(실천)하는 업무를 실제로 집행하는 체계(조직체)이다. 이러한 사회복지전달 집행체계는 행정체계로부터 규제, 지원과 감독을 받으면서 운영된다. 예를 들면, 기초생활보장 사업과 관련된 사회복지 전달체계는 보건복지부－특별시·광역시·도－시·군·구－읍·면·동－기초생활보장수급자로 연계된 조직체계로 형성되어 있다. 보건복지부에서 시·군·구까지 체계는 기초생활보장 사업을 계획, 지시, 지원, 관리, 감독하는 업무이기에 행정체계라 할 수 있다. 읍·면·동과 기초생활보장수급자 간의 체계는 최일선에서 직접적인 서비스를 제공하는 업무를 주로 하므로 집행체계라 할 수 있다.

사회복지 전달체계 논의는 1990년대부터 크게 두 축으로 변화과정을 보여왔다. 먼저 시·군·구 중심의 1995년 시범 보건복지사무소에서 2007년 주민생활지원서비스 개편 과정이다. 기존 일반행정 전달체계에 일부 사회복지 조직만 강화되었다. 다음으로 읍·면·동 중심의 2016년 복지허브화에서 2017년부터 시행된 주민자치형 공공서비스 구축사업이다. 기존 복지계가 맞춤형복지계로 변경 또는 신설되었다. 사회복지 전달체계의 변화과정은 시·군·구에서 읍·면·동 중심으로 개편 축이 이동되었다.

사회복지 전달체계는 대통령이 바뀔 때마다 잦은 정책 변화가 있었다. 아직도 시·군·구와 읍·면·동 사회복지 전문 전달체계는 미완이다. 이 같은 상명하달식 행정체계, 복잡한 행정체계, 유사·중복서비스, 전문인력 부족 등 해묵은 문제가 여전히 풀리지 않고 있다. 복지행정력 낭비 초래와 그 서비스의 효과성·효율성도 여전히 도마 위에 올라있다. 우리나라 전체 예산의 약 35%를 차지하는 복지·보건·고용예산 수준에 맞게 정부 인력 재조직화도 시급하게 혁신되어야 한다. 읍·면·동 주민에게 직접적 복지서비스를 시행하는 사회복지공무원이 신속·정확하게 업무를 추진할 수 있도록 사회복지 전달체계의 코페르니쿠스적인 발상의 대전환이 시대적 과제라 하겠다.

사회복지법 체계

우리나라 헌법 제34조에서는 "국가는 국민의 사회보장·사회복지 증진에 노력할 의무를 진다"라고 규정하고 있다. 사회보장과 사회복지를 다른 개념으로 사용하고 있다. 이와 관련한 하위법에 사회보장기본법이 있다. 그 종류를 사회보험, 공공부조, 사회서비스로 분류하고 있다. 사회복지법에는 사회복지사업법이 있다. 넓은 의미의 사회복지법이란 널리 사회보장의 틀 속에서 전개되는 사회복지정책 또는 사회정책의 실현과 관련되는 모든 법규범을 뜻한다. 반면 좁은 의미의 사회복지법이란 사회적·경제적 약자나 보호를 필요로 하는 국민을 위한 사회복지정책과 사회정책과 관련되는 법규범을 말한다.

여기에서는 용어 혼란을 피하고자 사회보장 대신 국민이 널리 인식하고 있는 사회복지로 통일하여 넓은 의미의 사회복지법의 범위를 살펴보고자 한다.

사회복지법의 종류를 체계적으로 분류하는 일은 사회복지법을 체계적으로 이해하는 데 필요하다. 우리나라의 법에 수록된 것을 성질에 따라 분류하면 사회보장기본법, 사회보험법, 공공부조법, 사회복지서비스법, 사회복지 관련 법으로 분류할 수 있다. 사회복지법 체계는 <표 5>와 같다.

사회복지행정은 인간의 사회복지를 증진하기 위하여 사회복지정책으로 표현된 추상적인 것을 실제적인 사회복지서비스로 전환하는 공사의 전 과정이다. 사회복지행정 실천을 위해서는 법 규정을 준수해야 하는 만큼 이에 관한 학습과 이해는 매우 중요하다.

<법제처 누리집>에 우리나라의 모든 법이 수록되어 있다. 사회복지 법명을 검색하면 본문, 제정·개정이유, 이력, 3단(법·시행령·시행규칙) 비교, 신·구법 비교, 법령체계도, 법령 비교를 단락별로 나누어 놓았다. 법의 본문에서 장·조 내용을 검색할 수 있고, 그 내용 중 관련 법을 클릭하면 이동하여 볼 수 있다. 법을 한글 자료로 내려받을 수 있어서 이용하는데 편리하다.

시·군·구에서 지역사회복지 계획을 세우거나 읍·면·동에서 사회복지서비스 실천을 위해서는 사회복지법, 사회복지행정, 사회복지실천의 삼박자가 맞아야 한다. 그 첫 단추가 사회복지법임을 항상 되새겨야 한다.

〈표 5〉 **사회복지법 체계**

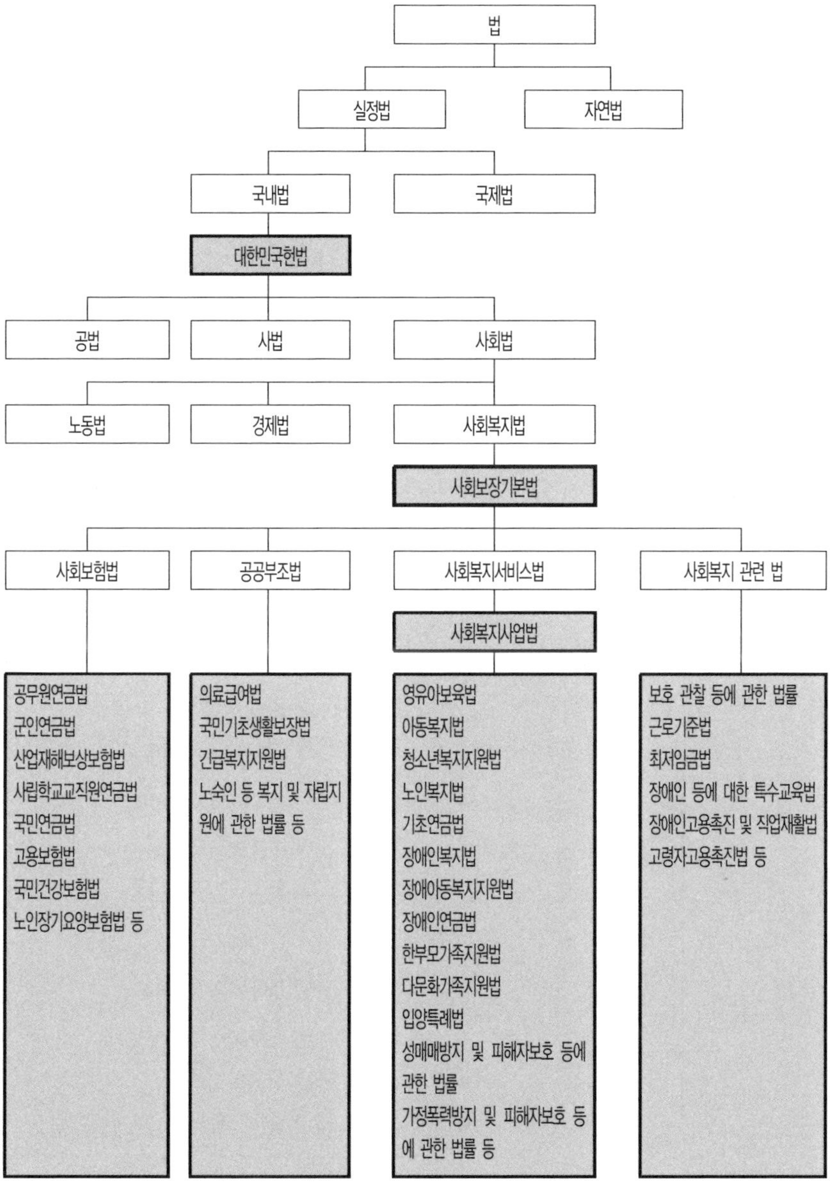

※ 음영 부분은 현재 제정된 법임

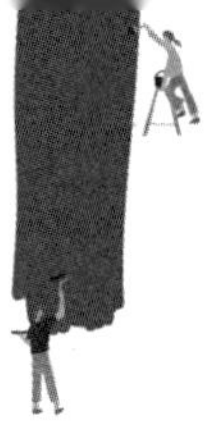

사회복지의 종류

앞서 사회복지법의 체계 분류에 따라서 사회복지의 종류는 사회보험, 공공부조, 사회복지서비스, 관련 사회복지제도로 나눌 수 있는데 <표 6>과 같다.

〈표 6〉 사회복지의 종류

사회복지	사회보험	산업재해보상보험
		국민건강보험
		국민연금보험
		고용보험
		노인장기요양보험
	공공부조	국민기초생활보장사업
		의료급여사업
		노숙인보호사업
	사회복지서비스	영유아복지서비스
		아동복지서비스
		청소년복지서비스
		노인복지서비스
		장애인복지서비스
		한부모가족복지서비스
		여성복지서비스
	관련 사회복지 제도	보건, 주거, 교육, 고용 등

사회복지 종류별 특성

사회복지의 종류는 사회복지법의 체계 분류에 따라서 사회보험, 공공부조, 사회복지서비스, 관련 사회복지제도로 나뉜다. 사회복지와 밀접한 사회보험, 공공부조, 사회복지서비스의 종류별 특성을 살펴보면 <표 7>과 같다.

〈표 7〉 사회복지 종류별 특성

구분	사회보험	공공부조	사회복지서비스
최초 관련법	• 서양 상인 동업자 공제조합 • 산업재해보상보험법(1963)	• 영국의 부랑인, 아동 등의 빈민 관련 법 • 생활보호법(1961)	• 영국 런던의 빈민 조사 • 아동복리법(1961)
목적	• 건강보장 • 소득보장	• 최저생활보장 • 자립 지원	• 정상적인 사회생활 지원
특징	• 사회성 • 보험성 • 강제성 • 부양성	• 국가나 지방자치단체 운영 • 자산조사 전제 • 재원은 국가 조세로 충당 • 요보호자(빈곤자)가 대상 • 법적 요구 조건 충족되면 신청자의 권리를 보장	• 국가나 지방자치단체 이외 민간기관 참여 • 개인의 요구에 초점 • 국민기초생활보장 수급자와 저소득층 중심의 서비스 제공 • 물질적 급여 제공 이외에 전문 사회사업서비스 제공
기본 원(리)칙	• 보편성의 원칙 • 형평성의 원칙 • 통일성의 원칙 • 민주성의 원칙 • 전문성의 원칙 • 연대성의 원칙	• 생존권 보장의 원리 • 국가책임의 원리 • 최저생활 보장의 원리 • 무차별 평등의 원리 • 자립 조장의 원리 • 보충성의 원리	• 통합성의 원칙 • 제도성의 원칙 • 전문성의 원칙 • 선택성의 원칙
주체	• 정부(보험자)	• 정부(중앙정부 · 지방자치단체)	• 정부(중앙정부 · 지방자치단체) • 사회복지법인

구분	사회보험	공공부조	사회복지서비스
객체(대상)	• 국민	• 빈민	• 요 보호자
종류	• 국민연금보험 • 국민건강보험 • 산업재해보상보험 • 고용보험 • 장기요양보험	• 국민기초생활보장사업 • 의료급여사업 • 노숙인보호사업 등	• 영유아복지서비스 • 아동복지서비스 • 청소년복지서비스 • 노인복지서비스 • 장애인복지서비스 • 한부모가족복지서비스 등
재원	• 기여금 · 부담금	• 조세	• 재정보조금 · 헌금 · 공동모금
범주별 특성			
–기금출처	• 고용주 · 피용자 · 공공세입 • 기여금	• 공공세입	• 재정보조금 · 헌금 · 공동모금
–포괄범위	• 사회보험 가입자	• 빈곤자	• 요보호대상자
–자격조건	• 기여금 납부자	• 자산조사	• 자산조사
–특성	• 갹출, 무자산 조사	• 무갹출, 자산조사	• 무갹출, 자산조사
사회안전망	• 제1차적	• 제2차적	• 보조적
운영이념	• 보편주의	• 선별주의	• 선별주의, 보편주의
행정기관	• 일반행정기관(보건복지부 등) • 사회보험 관련 공단(국민연금공단 · 국민건강보험공단 등)	• 일반행정기관 – 중앙 : 보건복지부 등 – 지방 : 특별시 · 광역시 · 도 시 · 군 · 구 읍 · 면 · 동	• 일반행정기관 • 사회복지법인 – 사회복지기관 – 사회복지시설 – 사회복지협의회 – 사회복지상담소 등
법 종류	• 국민건강보험법 • 산업재해보상보험법 • 고용보험법 • 국민연금법 • 공무원연금법 • 군인복지연금법 • 사립학교교원연금법 등	• 국민기초생활보장법 • 의료급여법 • 노숙인 등의 복지 및 자립지원에 관한 법률 등	• 영유아보육법 • 아동복지법 • 청소년보호법 • 노인복지법 • 장애인복지법 • 한부모가족지원법 등

공공부조 대상자 용어 정의

공공부조란 국가와 지방자치단체의 책임하에 생활 유지 능력이 없거나 생활이 어려운 국민의 최저생활을 보장하고 자립을 지원하는 제도를 말한다. 그 종류에는 국민기초생활보장 사업을 비롯하여 의료급여사업, 노숙인보호사업 등이 있다. 각 법에서 규정한 대상자 용어 정의를 살펴보면 다음과 같다.

❖ 국민기초생활보장사업 대상자

대상자명	정 의
국민기초생활보장 수급권자	국민기초생활보장법에 따른 급여를 받을 수 있는 자격을 가진 사람
국민기초생활보장 수급자	국민기초생활보장법에 따른 급여를 받는 사람
국민기초생활보장 시설수급자	사회복지사업법에 따른 사회복지시설에 입소하여 국민기초생활보장법에 의한 급여를 받는 사람
국민기초생활보장 수급(권)자의 부양 의무자	국민기초생활보장수급권자를 부양할 책임이 있는 사람으로서 수급권자의 1촌의 직계혈족・그 배우자(다만, 사망한 1촌의 직계혈족의 배우자는 제외)
부정수급자	속임수나 그 밖의 부정한 방법으로 급여를 받거나 타인으로 하여금 급여를 받게 한 경우에는 보장 비용을 지급한 보장기관은 그 비용의 전부 또는 일부를 그 급여를 받은 사람 또는 급여를 받게 한 사람
조건부수급자	근로 능력이 있는 국민기초생활보장 수급자에게 자활에 필요한 사업에 참가할 조건으로 부과하여 생계급여를 지급받는 사람
차상위계층	국민기초생활보장수급권자에 해당하지 아니하는 계층으로서 소득인정액이 기준 중위소득 100분의 50 이하인 사람

❖ 의료급여사업 대상자

대상자명	정 의
의료급여수급권자	의료급여법에 따라 의료급여를 받을 수 있는 자격을 가진 사람
1종 수급권자	• 국민기초생활보장법의 국민기초생활보장 수급자 : 근로무능력 가구, 산정 특례 등록한 결핵 질환자, 희귀질환자, 중증 난치질환자, 중증질환(암 환자, 중증 상환자) 등록자, 시설수급자 • 행려환자 • 다른 법 적용자(이재민, 의사상자·의사자의 유족, 입양아동(18세 미만), 국가유공자, 국가무형문화재의 보유자, 북한이탈주민, 5·18 민주화운동 관련자, 노숙인
2종 수급권자	국민기초생활보장법의 국민기초생활보장 수급자 중 1종 수급 대상이 아닌 가구

❖ 노숙인보호사업 대상자

대상자명	정 의
노숙인	「노숙인 등의 복지 및 자립 지원에 관한 법률」에 따라 상당한 기간 동안 일정한 주거 없이 생활하는 사람, 노숙인시설을 이용하거나 상당한 기간 동안 노숙인시설에서 생활하는 사람, 상당한 기간 동안 주거로서의 적절성이 현저히 낮은 곳에서 생활하는 사람 중 18세 이상인 사람

사회복지서비스 대상자 나이 기준

사회(복지)서비스란 국가·지방자치단체 및 민간부문의 도움이 필요한 모든 국민에게 복지, 보건의료, 교육, 고용, 주거, 문화, 환경 등의 분야에서 인간다운 생활을 보장하고 상담, 재활, 돌봄, 정보의 제공, 관련 시설의 이용, 역량 개발, 사회참여 지원 등을 통하여 국민의 삶의 질이 향상되도록 지원하는 제도를 말한다. 그 종류에는 영유아복지서비스, 아동복지서비스, 청소년복지서비스, 노인복지서비스, 장애인복지서비스, 한부모가족복지서비스, 여성복지서비스 등이 있다. 각 법에서 규정한 사회복지서비스 대상자의 나이 기준은 <표 8>과 같다.

〈표 8〉 사회복지서비스 대상자 나이 기준

<table>
<tr><th colspan="2">대상자</th><th>법적 근거</th><th>나이 기준</th><th>기념의 날</th><th>기념의 달(주간)</th></tr>
<tr><td rowspan="4">아동</td><td>영유아</td><td>영유아보육법 제2조 제1호</td><td>6세 미만의 취학 전 아동</td><td></td><td></td></tr>
<tr><td>아 동</td><td>아동복지법 제3조 제1호</td><td>18세 미만인 사람</td><td></td><td></td></tr>
<tr><td>어린이</td><td></td><td>보통 18세 미만자
(법적 규정 없음)</td><td>매년 5월 5일
(어린이 날)</td><td>어린이 주간
(매년 5. 1.~ 5. 7.)</td></tr>
<tr><td>한부모가족 아동</td><td>한부모가족지원법 제4조 제5호</td><td>18세 미만자
(단, 취학 시 22세 미만)</td><td></td><td></td></tr>
<tr><td rowspan="4">청소년</td><td rowspan="2">청소년</td><td>청소년보호법 제2조 제1호</td><td>19세 미만자</td><td></td><td></td></tr>
<tr><td>청소년기본법 제3조 제1호</td><td>9세 이상 ~ 24세 이하자</td><td></td><td>청소년의 달
(매년 5월)</td></tr>
<tr><td>청 년</td><td>청년고용촉진 특별법 시행령 제2조</td><td>15세 이상 ~ 29세 이하자</td><td></td><td></td></tr>
<tr><td>소 년</td><td>소년법 제2조</td><td>19세 미만자</td><td></td><td></td></tr>
<tr><td rowspan="2">미성년자 · 성년</td><td>형사상 미성년자</td><td>형법 제9조</td><td>14세 미만자</td><td></td><td></td></tr>
<tr><td>성 년</td><td>민법 제4조</td><td>19세 이상자</td><td>매년 5월 19일
(성년의 날)</td><td></td></tr>
<tr><td rowspan="2">노인</td><td>노 인</td><td>노인복지법 제6조</td><td>보통 65세 이상자

(법적 규정 없음)</td><td>매년 10월 2일
(노인의 날)</td><td>경로의 달
(매년 10월)</td></tr>
<tr><td>어버이</td><td>노인복지법 제6조</td><td></td><td>매년 5월 8일
(어버이 날)</td><td></td></tr>
<tr><td colspan="2">장애인</td><td>장애인복지법 시행령 제2조 제1항</td><td>15개 장애 종류</td><td>매년 4월 20일
(장애인의 날)</td><td>장애인의 날부터 1주간</td></tr>
<tr><td colspan="2">여성</td><td>양성평등기본법 제38조
양성평등기본법 시행령 제23조</td><td></td><td>매년 3월 8일
(여성의 날)</td><td>양성평등주간
(매년 9. 1.~ 9. 7.)</td></tr>
</table>

대상자		법적 근거	나이 기준	기념의 날	기념의 달(주간)
한부모 가족	한부모가족	한부모가족지원법 제4조 제2호	모자가족 또는 부자가족	매년 5월 10일 (한부모가족의 날)	
	청소년 한부모	한부모가족지원법 제4조 제1의 2호	24세 이하의 모 또는 부		
	한부모가족 아동	한부모가족지원법 제4조 제5호	18세 미만자 (단, 취학 시 22세 미만)		

☞ 나이 기준 : 만 나이. 나이 계산일 : 출생일을 삽입

지역특화사업과 마을복지계획 수립

읍·면·동 지역사회복지사업은 어떻게 계획을 수립하여 추진할까? 크게 지역특화사업과 마을복지계획의 수립·실행으로 나누어 볼 수 있다.

첫 번째로 지역특화사업을 살펴보자. 『2021 지역사회보장협의체 운영안내』에 따르면 지역사회보장협의체에서는 지역사회 내의 복지 문제 해결을 위한 자체 복지사업인 지역특화사업을 시행할 수 있다. 지역특화사업 대상은 노인, 장애인, 아동, 한부모가정 등 저소득 취약계층, 위기가구 등 도움이 필요한 주민이다. 사업내용은 지역 내 주민복지 문제 해결을 위한 것이다. 예를 들면, 생계비·의료비·주거비·난방비·교육비·교통비 등 지원, 집수리, 교육·문화체험 서비스 제공, 심리·상담 서비스 제공, 밑반찬과 물품 지원 등이 있다.

사업 개수는 지역 특성이 반영된 2~3개 이내의 지역특화사업을 중점 추진하도록 권장하고 있다. 이는 읍·면·동 지역사회보장협의체가 과다한 지역특화사업 추진으로 인해 핵심 역할인 복지 사각지대 발굴 등의 활동이 소홀해지지 않도록 하기 위해서이다. 추진과정은 지역주민 욕구조사 → 지역 의제 설정 → 심의 → 서비스(사업) 개발 → 대상자 선정 → 지원 → 평가·환류 순이다. 읍·면·동 지역특화사업 수립 절차는 <표 9>와 같다.

〈표 9〉 **읍·면·동 지역특화사업 수립 절차**

지역주민 욕구조사	지역 의제 설정	심의	서비스 (사업)개발	대상자 선정	지원	평가·환류
읍·면·동 지역사회 보장협의체	읍·면·동 지역사회 보장협의체	시·군·구 지역사회보장 대표협의체	읍·면·동 지역사회 보장협의체	읍·면·동 지역사회 보장협의체	읍·면·동 지역사회 보장협의체	지역사회보장 (읍·면·동 및 대표) 협의체

두 번째로 마을복지계획 수립·실행이다. 『2021년 읍면동 찾아가는 보건복지서비스 매뉴얼』에 따르면 마을복지계획이란 읍·면·동에서 이웃 돌봄, 주민복지학교 등 자체적으로 해결 가능한 소규모 의제에 대한 계획이다. 계획 수립의 주체는 읍·면·동 행정복지센터로서 지역 내 공동체 복지, 주민 보건복지 프로그램 개발, 주민참여와 협력을 확보하기 위하여 지역사회보장협의체 위원, 복지전문가 등 다양한 주체가 참여 가능하다. 지역 내 봉사단, 동호회, 자치회 등 주민이 자발적으로 구성·운영하는 조직과 협업하여 추진할 수 있다.

그 수립과 실행 과정은 기획 → 참여자 모집·교육 → 지역사회조사 → 계획 수립 → 계획 확정·공유 → 실행 → 평가·환류 순이다. 수립 절차는 <표 10>과 같다.

〈표 10〉 읍·면·동 마을복지계획 수립 및 실행 과정

기획	읍·면·동 마을 복지계획 기획 *계획수립할 때 주민참여 종합계획 수립
➡ 참여자 모집·교육	• 지역주민 참여방안 모색(주민교육 등) • 읍·면·동 민·관협의체 위원 교육(복지, 보건, 마을 등 전반적인 분야 교육 등)
➡ 지역사회조사(주민욕구조사)	읍·면·동 주민 간담회 등을 통해 지역문제 또는 자원을 조사하여 현황을 파악
➡ 계획 수립	읍·면·동 마을 복지계획 수립(주체, 필요성, 실태, 내용, 방법, 예산확보, 기대효과 등)
➡ 계획 확정·공유	계획 선포식·주민공유
➡ 실행	읍·면·동 실행 시·군·구 지역사회보장계획 반영 가능 주민자치회 자치계획과 연계가능
➡ 평가 및 환류	실행 결과 평가 및 개선 – 주민 자가 평가 등을 통한 개선 방안 마련 등

마을복지계획의 수립 시기는 계획의 규모, 사업 실행 기간 등을 고려하여 1년 또는 2~3년 주기로 마련해야 한다. 읍·면·동 행정복지센터는 수립 절차의 마지막 실행단계에서 지역사회보장협의체 등과 협의하여 계획을 실행하며 평가단을 구성하여 계획의 추진상황을 정기적으로 점검해야 한다.

이 두 가지를 비교 분석하면 <표 11>과 같다.

〈표 11〉 읍·면·동 지역특화사업과 마을복지계획 수립 비교

구분	지역특화사업	마을복지계획 수립
중앙부서	보건복지부	행정안전부
수립기관	읍·면·동 지역사회보장협의체	읍·면·동 행정복지센터
수립주체	읍·면·동 지역사회보장협의체 위원	읍·면·동 지역사회보장협의체 위원, 주민, 복지전문가 등
수립시기	연 1회	연 1회 또는 2~3년 주기
수립내용	지역 내 복지 문제 해결을 위한 특화사업	이웃 돌봄, 주민복지학교 등 자체적으로 해결 가능한 소규모 의제에 대한 계획
수립절차	지역주민 욕구조사 → 지역 의제 설정 → 심의 → 서비스(사업) 개발 → 대상자 선정 → 지원 →평가·환류	기획 → 참여자 모집·교육 → 지역사회조사 → 계획 수립 → 계획 확정·공유 →실행

사회복지행정의 8대 과정은 기획 – 조정 – 인사 – 지시 – 조정 – 보고 – 예산 – 평가이다. 첫 번째 과정은 기획인데 지역특화사업과 마을복지계획을 수립하는 것이 첫 단추이다. 읍·면·동 지역사회 실정에 맞는 기획이 잘 수립될 수 있도록 그 특성을 잘 파악하고, 주민의 주민에 의한 주민을 위한 주민 참여를 우선순위에 두어 그 계획 수립을 설계해야 한다.

제2장
찾아가는 보건복지서비스

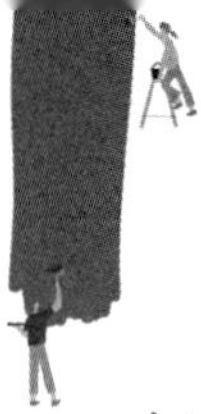

찾아가는 보건복지서비스 명칭 이대로 괜찮은가

2019년에 행정안전부와 보건복지부에서 발간한 『찾아가는 보건복지서비스 매뉴얼』의 책자를 받았다. 유독 낯선 책 명칭이 눈에 띄었다. 무심코 읽어볼 때는 복지서비스 앞에 보건이라는 단어 하나가 붙어있는 듯하다. 갑작스럽게 복지서비스 명칭이 보건복지서비스로 왜 바뀌었는지 의아스러웠다.

읍・면・동 찾아가는 보건복지서비스는 박근혜 정부 때인 2016년 4월에 읍・면・동 복지허브화라는 이름으로 처음 시행되었다. 문재인 정부가 2017년 5월에 출범하면서 행정안전부의 <읍・면・동 기능개선 등을 위한 혁신 읍・면・동 시범 사업 추진계획>이 발표되었다. 이 계획에 복지건강서비스 용어가 등장하면서 명칭도 찾아가는 보건복지서비스로 바뀌었다.

이 서비스 핵심은 사회복지공무원과 간호공무원이 공동방문팀을 구성하여 주민을 직접 찾아다니면서 복지상담, 방문 건강관리 등 주민의 수요를 고려하여 다양한 보건복지서비스를 제공하는 데 있다.

그렇다면 왜 보건이라는 명칭이 복지 앞에 왔을까? 아마 보건복지부 명칭을 그대로 사용한 듯하다. 이는 명백한 상명하복이다. 읍・면・동 행정복지센터의 맞춤형복지계는 1987년 사회복지공무원제도가 도입된 후부터 30여 년 동안 지역사회의 복지사랑방 역할을 해왔다. 공무원 명칭 중 유일하게 사회복지 전담이란 단어를 넣어 부르고 있다. 주민도 당연히 사회복지공무원은 복지업무 담당이라고 널리 인식되어 있다. 갑자기 읍・면・동에 간호공무원 1명씩을 배치하면서 그 명칭에 보건을 앞

세우는 것은 모순이다. 맞춤형복지계도 맞춤형보건복지계로 바꾸어야 할까.

그 실례로 첫째, 보건복지부 명칭 변화를 살펴보고자 한다. 건국 후 보건사회부(1951년) → 보건복지부(1994년) → 보건복지가족부(2008년) → 보건복지부(2010년)로 바뀌어 왔다. 이 명칭을 자세히 살펴보면 보건 업무가 먼저였다. 뒤에 추가되는 업무에 따라서 새로운 명칭이 뒤따라왔음을 알 수 있다. 또한 김대중 정부 때 여성가족부가 신설되었다. 그 후 여성가족부가 보건복지부로 통합될 때 그 부서 명칭 뒤에 놓이면서 보건복지가족부로 되었다.

둘째, 읍·면·동 행정기관 명칭 변화를 살펴보고자 한다. 읍·면·동 사무소(일제강점기) → 읍·면 사무소·동 주민센터(2007년) → 읍·면·동 행정복지센터(2018년)로 바뀌어 왔다. 읍·면·동이 주민의 종합행정 중심이기에 행정 다음으로 복지 용어가 붙어있다. 이 명칭도 보건복지부에서는 주민복지센터 사용을 강력히 주장했다. 지방행정 조직을 관장하는 행정안전부의 힘의 논리에 따라서 행정복지센터로 결정되었다고 들었다. 문제는 중앙부서의 주도권 경쟁으로 그 명칭에서 주민이 사라졌다는 사실이다.

행정복지센터 명칭도 그렇다. 사회복지수급(권)자, 경로당 등 방문을 할 때마다 "안녕하세요. 영등1동행정복지센터 맞춤형복지계장 채수훈입니다" 하면서 인사드린다. 기관 명칭 변경 후 시행 3년째가 되었는데 어디서 왔는지 알아듣는 주민이 드물다. 아직도 "동사무소 복지계장입니다" 이렇게 인사해야 쉽게 소통이 되는 게 현실이다. 왠지 주민에게 친근한 행복센터의 애칭과는 동떨어진 느낌이 든다. 주민 곁에 가까이 가고 싶은데 왜 정부에서 작명한 이름 때문에 최일선 공무원이 곤욕을 치러야 할까. 공공기관 명칭을 제정할 때 외국어 남용도 자제했으면 좋겠다.

셋째, 복지와 보건이라는 단어만 놓고 볼 때 법률, 학문적으로 복지가 보건보다 더욱 광의의 개념이다. 사회보장기본법에서는 사회보장을 이렇게 정의하고 있다. 사회보장이란 출산, 양육, 실업, 노령, 장애, 질병, 빈곤, 사망 등의 사회적 위험으로부터 모든 국민을 보호하고 국민 삶의 질을 향상하는 데 필요한 소득·서비스를 보장하는 사회보험, 공공부조, 사회서비스를 말한다. 그 종류 중 사회보험에는 국민건강보험과 노인장기요양보험이 포함되어 있다. 사회보장, 즉 (사회)복지는 의료·건강·보건 등 포괄적으로 포함하고 있는 광의의 개념이라 할 수 있다. 정보화 사회를 뛰어넘어 4차 산업혁명 시대로 빠르게 변화되고 있는데 왜 제도나 명칭은 퇴보하거나 역행하는지 도무지 알 수가 없다.

중앙부서 명칭은 그렇다 하더라도 읍·면·동 행정복지센터에 보건 행정이 없다. 보건 업무는 시·군·구 보건소와 읍·면 보건지소 또는 보건진료소의 보건 전달체계를 통해서 서비스가 전달된다. 뚜렷하게 복지와 보건 업무 담당 기관이 다르다. 그 서비스 명칭을 '읍·면·동 찾아가는 보건복지서비스'라 사용하는 것은 중앙정부의 권위적이면서 복지 현장의 정서를 제대로 이해하지 못하는 발상이라고밖에 볼 수 없다. 최일선 공공복지 현장을 묵묵히 30여 년간 일구어 오고 지켜온 전국 사회복지공무원에게 자괴감을 줄 수 있다.

정부의 복지정책 변화에 따라서 명칭을 변경할 때는 현장 의견수렴을 통해서 주민 정서에 맞는 용어를 사용했으면 한다. 아울러 본질적인 큰 변화가 없는데 정권교체 때마다 자꾸 명칭만 바꾸는 것은 정부의 복지 정책의 신뢰도를 추락시킬 수 있다. 최일선 복지업무를 추진하는 데 혼란과 불신을 야기하기 때문에 좀 더 신중에 신중을 기했으면 한다. 지금도 늦지 않았다. 사회복지공무원 한 사람으로서 보건복지부에 찾아가는 복지보건서비스로 청원하는 바이다.

시 · 군 · 구에 맞춤형복지지원단을 신설하라

우리나라의 행정 전달체계는 중앙정부 – 특별시 · 광역시 · 도 – 시 · 군 · 구 – 읍 · 면 · 동, 즉 4단계로 되어 있다. 전국 지방자치단체는 광역자치단체인 특별시 · 광역시 · 도와 기초자치단체인 시 · 군 · 구로 나누어진다. 시 · 군 · 구 산하에는 읍 · 면 · 동이 있다. 최일선 행정기관인 읍 · 면 · 동의 대표적인 복지정책은 찾아가는 보건복지서비스이다. 이 서비스는 주로 읍 · 면 · 동에서 주민과 밀착되어 지원되고 있다. 이 서비스가 읍 · 면 · 동 복지 현장에서 제대로 꽃피우기 위해서는 중간 조직인 시 · 군 · 구 역할이 매우 중요하다. 하지만 이를 기획 · 지원 · 조정 · 관리하는 시 · 군 · 구 총괄 조직은 미약하다.

찾아가는 보건복지서비스는 2016년부터 읍 · 면 · 동에 맞춤형복지계가 신설 전에는 시 · 군 · 구에서 서비스를 총괄하였다. 읍 · 면 · 동은 보조역할에 지나지 않았다. 그 후부터는 읍 · 면 · 동에서 지역사회 실정에 맞게 사업이 추진되었다. 시 · 군 · 구의 조정 · 협력 · 지원은 그 어느 때보다 중요해졌지만 현실은 그렇지 못한 것 같다. 맞춤형복지계가 읍 · 면 · 동에 전면 설치되었음에도 대다수 시 · 군 · 구에서는 읍 · 면 · 동을 과거처럼 실적 제출 · 관리, 평가 대비 실적향상 등 보조적 인식에서 벗어나지 못하고 있다. 읍 · 면 · 동은 시 · 군 · 구의 하부기관으로 업무 · 인사 등이 종속되어 있기에 그 영향을 강하게 받을 수밖에 없다.

실례로 익산시의 경우를 살펴보자. 29개 읍 · 면 · 동 행정복지센터에 기본형 20개소와 권역형 3개소에 맞춤형복지계를 2017년 9월부터 전면 시행하였다. 이 조직과 업무를 맡는 본청의 관련과는 복지국, 보건소,

건설국에 분산되어 있다. 핵심 과인 복지정책과도 복지총괄계가 지역사회보장협의체 계획 수립, 맞춤형복지지원계가 통합사례관리, 서비스연계 등으로 업무가 분산되어 있다. 이처럼 찾아가는 보건복지서비스와 연관성을 가진 관련 과와 계의 분립으로 읍・면・동에서는 업무 추진에 혼란을 겪고 있다. 29개 읍・면・동의 인구 편차에 따른 지역사회 대상자와 자원체계도 편차가 심하다. 또 담당 계장과 사회복지공무원 간의 업무 능력과 전문성도 차이를 보인다. 잦은 순환인사에 따른 맞춤형복지 업무의 단절도 심하게 나타나고 있다.

시・군・구 희망복지지원단은 『2021년 희망복지지원단 업무안내』에 따라 찾아가는 보건복지서비스 확립을 위한 총괄・기획의 기능 집중과 전문성 강화를 하게 되어 있다. 기존 업무의 분산 때문에 총괄적인 중심조직 역할을 하지 못하고 있는 형편이다. 시・군・구에서는 읍・면・동 맞춤형복지 담당 공무원에게 체계적인 정보교류와 전문지식과 양질의 교육을 제공해 주어야 한다. 하지만 대부분 해당 업무수행에 있어서 전체적으로 통합・조정할 수 있는 역량이 다소 부족하다. 이 때문에 읍・면・동 간에도 업무적 편차가 뚜렷하게 발생하고 있다.

이와 관련하여 익산시사회복지행정연구회에서는 2017년에 익산시 찾아가는 복지서비스 시행 1주년을 맞이하여 시장님께 제도 개선 건의사항으로 맞춤형복지지원단 신설을 건의하였다. 조직개편에 일부 반영되어 서비스연계계가 맞춤형복지지원계로 확대 개편되었다.

보건복지부가 사회복지공무원의 인사권이 지방자치단체장의 고유권한이라고 시・군・구 조직개편에 소홀히 한다면 효과성과 효율성은 오히려 반감될 수밖에 없다. 보건복지부와 읍・면・동의 중간 기관인 시・군・구의 복지조직이 개선될 때 복지 체감도 제고, 복지(행정) 사각지대 없애기, 지역문제 해결과 민・관 협력 활성화 등의 상승효과가 나타나게 된다.

주민이 실질적으로 체감하는 맞춤형복지 실현을 위해서는 하루속히 시・군・구에 맞춤형복지지원단을 신설해야 한다. 그 모형(안)은 <표 12>와 같다.

〈표 12〉 **시・군・구 맞춤형복지지원단 신설(안)**

구분	개편 전	개편 후
업무	• 지역사회보장 관련 계 – 사회복지전담공무원 인력・교육 관리 – 지역사회보장협의체 운영 – 지역사회보장계획 수립	• 맞춤형복지지원단 – 사회복지전담공무원 인력・교육 관리 – 지역사회보장협의체 운영 – 지역사회복지계획 수립 – 찾아가는 복지상담, 통합사례관리 – 복지 사각지대 발굴, 서비스연계 – 민・관 협력, 자원발굴 – (신설) 읍・면・동 맞춤형복지 지원업무 등 필요 인력충원
	• 희망복지지원단(서비스연계 관련 계) – 찾아가는 복지상담・통합사례관리 – 복지 사각지대 발굴, 서비스연계 – 민・관 협력, 자원발굴	
	• 사회복지서비스 관련과 – 영유아・아동・청소년・장애인・노인・한부모 가족 등 읍・면・동 관련 실태조사 – 사례관리사 통합사례관리	
인력	• 기존 사회복지담당 공무원	• 전문직위제 공모로 업무 분야별 전문 사회복지공무원 배치 • 필요할 때 민간 전문인력 채용

맞춤형복지지원단 신설을 위해서는 기존 희망복지지원단을 확대 개편할 필요가 있다. 상위 법인 사회보장급여의 이용・제공 및 수급권자 발굴에 관한 법률에 시・군・구 맞춤형복지지원단 설치 규정을 명문화시켜야 한다. 시・군・구에서는 조례 제정을 통하여 조직과 인력 지원을 해주어야 한다. 서울특별시의 찾아가는 동 행정복지센터 추진을 위

한 맞춤형복지추진지원단처럼 중간지원 조직을 강화해야 한다. 지역 실정에 맞게 기존 희망복지지원단 또는 서비스연계계를 확대 개편하는 것도 한 방편이 될 수 있다. 업무적으로는 서비스연계, 지역사회보장협의체, 사회복지공무원 관리 등 업무를 통폐합시켜야 한다. 시·군·구와 읍·면·동이 일체감 속에 상향 평준화될 수 있도록 사회정책변화에 맞게 희망복지지원단을 맞춤형복지지원단으로 개편해야 한다.

시 · 군 · 구에 솔루션위원회를 상설 운영하자

시 · 군 · 구 솔루션위원회 설치 · 운영은 『2021년 희망복지지원단 업무안내』에 근거가 있다. 이 위원회는 통합사례 회의를 최소 1회 이상 해 보았으나 더 큰 범위의 자원과 더 높은 수준의 전문적 지식이 필요한 사례에 대해 해결책을 제시하기 위하여 그에 맞는 다양한 기관과 전문가로 구성된 맞춤형 자문기구이다.

주요 역할은 첫째, 솔루션 회의를 통해 위기 상황 해결에 대한 다각적 논의와 슈퍼비전 제공에 있다. 둘째, 복합적 욕구를 가진 사례에 대한 전문적인 통합사례관리 지원에 있다.

개최 시기는 읍 · 면 · 동에서 솔루션 회의 요청이 있을 때 실시한다. 참석자 범위는 솔루션위원회 중 해당 사례와 관련 있는 읍 · 면 · 동과 시 · 군 · 구 통합사례관리 업무담당자, 연계 기관 관계자 등이다. 수행 주체는 시 · 군 · 구로서 통합사례관리 계장이 담당한다.

솔루션 회의 운영은 제1단계로 솔루션위원회 운영계획 수립과 인력 창고를 구축한다. 제2단계에서는 솔루션 회의를 개최 · 운영한다. 제3단계에서는 계획 보완과 관찰을 한다.

솔루션위원회는 자문기구로서 법적 구속력이 없다. 『2021년 희망복지지원단 업무안내』에 명시되어 있을 뿐이다. 시 · 군 · 구 희망복지지원단에서 담당하고 있지만 임의 조직인 관계로 실질적인 운영 · 관리에 있어서 유명무실한 상태이다.

그 대상 사례를 통하여 살펴보자. 2019년 진주 조현병 환자의 불특정 국민 대상으로 한 묻지마식 방화 · 살인사건에서 보듯이 사회적 고위험자가 복지행정 사각지대에 방치되어 있었다. 한겨레신문의 <진주 방화·살인사건 같은 위협행위자, 3,923명 더 있었다> 라는 기사에 따르면 "경찰청이 위협행위 반복 신고 일제 점검을 통해 3,923명의 사례를 확인하고 입원 조치와 관계 기관 연계 등으로 위험 요인을 해소했다"라고 하였다. 그러면서 "경찰은 이번 점검에서 확인한 3,923명 가운데 496명은 입원 조치하고 … 1,767명에 대해서는 가정폭력 재발 우려 가정 등록, 112 신상 등록 등의 조치를 했다"라고 밝혔다.

이 같은 사건이 발생할 때마다 시·군·구에 총괄적인 조정 역할을 할 기구가 없다. 법적 미비, 행정 떠넘기기, 업무적 책임회피, 복지행정 사각지대 등 근본적 문제가 단골로 등장한다. 사건 발생 때마다 언론·방송의 도마 위에 유사 뉴스가 오르내린다. 사후 재발 방지를 약속하지만, 시간이 지나면 수면 밑으로 가라앉고 결국 기억 속에서 잊혀진다. 또다시 언제 어디서나 노출될 수 있을지 몰라서 국민을 더욱 불안에 떨게 한다.

진주 조현병 환자는 사례관리 측면에서 보면 1개월 이상 중장기적 개입이 필요한 가구에 해당한다. 다양한 서비스가 집중적으로 제공될 수 있도록 사례 회의 등 일반적인 절차를 적용하는 가구로서 초고난도 사례라 할 수 있다.

이 대상자의 경우 통합사례관리를 위해서는 시·군·구와 읍·면·동을 비롯한 보건소와 정신건강복지센터, 경찰서와 119, 병원과 보호자 등 다양한 기관의 전문가가 한데 모여서 정보와 자료 교환, 의사 교류 등이 필요로 한다. 다양한 연계 기관의 통합적 접근과 서비스가 요구되는 만큼 종합적인 조정 역할을 할 수 있는 상설기구가 있어야 한다.

이 같은 문제 해결을 위해서는 사회보장급여의 이용·제공 및 수급권자 발굴에 관한 법률에 시·군·구 사회복지 솔루션위원회를 법제화시켜서 상설 운영하도록 해야 한다. 지역사회의 복지 사각지대에 놓여있는 위기가구인 정신질환자, 저장강박증 환자, 무연고 사망자, 노숙인 등 사회문제를 해결하기 위해 관계 기관을 폭넓게 참여시켜 의무적으로 구성·운영해야 한다. 향후 묻지마식 사회문제 대처와 해결을 위해서는 솔루션위원회 통합운영 지침 마련, 대상자 정보연계체계 구축과 지역사회 긴급지원 안전망이 통합되어 법제화되어야 한다.

읍·면·동 플랫폼, 찾아가는 보건복지계

정부는 읍·면·동 찾아가는 보건복지서비스를 추진하면서 조직을 맞춤형복지계에서 찾아가는 보건복지계로 변경하고 있다. 이 계의 확대는 찾아가는 보건복지서비스 활성화, 통합서비스 지원과 민간조직·자원의 적극 활용으로 주민의 복지 체감도를 높이는 통합서비스 제공에 있다. 읍·면·동 찾아가는 보건복지계의 조직모형은 읍·동의 기본형과 확장형, 면의 기본형과 농어촌 특성화형으로 나뉜다. 그 조직모형(안)은 <표 13>과 같다.

〈표 13〉 읍·면·동 찾아가는 보건복지계 조직모형(안)

구분	모델	기능	조직	인력
읍·동	기본형	• 종합상담, 방문상담, 통합사례관리 등 찾아가는 보건복지서비스 • '복지+건강' 기능강화	찾아가는 보건복지계 설치	(찾아가는 보건복지계) 사회복지공무원 3명 간호공무원 1명
	확장형	• 찾아가는 보건복지 대상·범위 확대(신규) • 종합상담 심화(신규) • 민·관연계 확대(신규)		(찾아가는 보건복지계) 사회복지공무원 7명 간호공무원 1명
면	기본형	• 읍·동 기본형 모델과 동일		
	농어촌 특성화형	• 기본형 모델과 동일	찾아가는 보건복지계 미설치 (전담 인력만 배치)	사회복지공무원 2명 (계장, 복지행정담당 인력 제외) 간호공무원 1명

찾아가는 보건복지계의 조직모형과 구성은 <표 14>와 같다.

〈표 14〉 **찾아가는 보건복지계 조직모형 · 구성(안)**

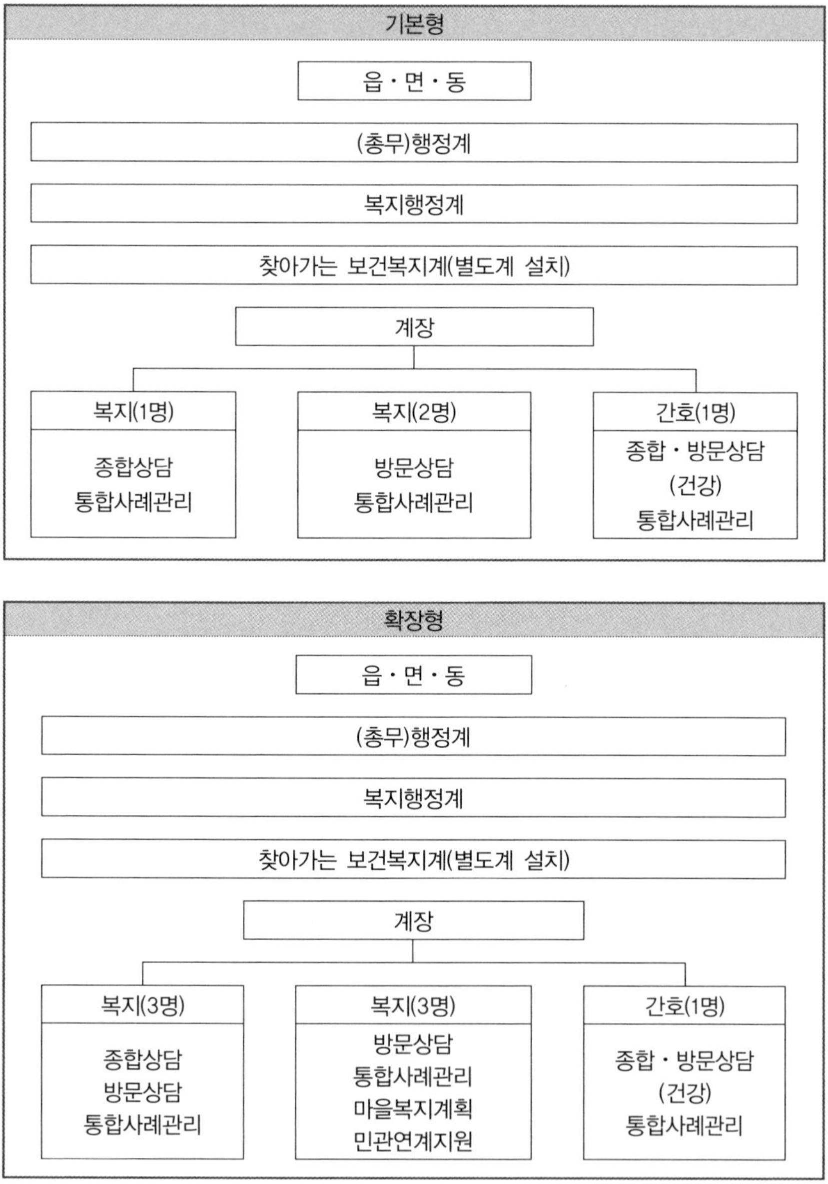

읍·면·동 기본형은 별도의 찾아가는 보건복지계를 설치하고 간호 인력 1명을 포함한 최소 4명 이상(계장 포함) 배치한 유형이다. 복지행정 인력과 찾아가는 보건복지서비스 인력을 한 계로 구성할 경우 찾아가는 보건복지서비스 인력은 간호 인력 1명을 포함한 최소 3명 이상으로 배치가 필수이다.

읍·면·동 확장형은 기본형의 발전된 형태로, 인력확충에 따라 찾아가는 보건복지서비스 대상·범위 확대, 읍면동 종합상담 기능 확대, 지역의 공공서비스 연계기능 강화 등을 실질화하는 유형이다. 별도의 찾아가는 보건복지계를 설치하고 간호 인력 1명을 포함한 최소 8명 이상(계장 포함) 배치한다. 권역형이 설치된 중심 읍면동은 기본형으로 전환 가능하고, 농어촌형으로의 전환은 불가하다.

이 두 가지 유형은 기존 찾아가는 복지서비스의 기본형과의 주요 차이점은 찾아가는 보건복지계에 간호 인력 1명이 추가된 형태이다. 한편 농어촌 특성화형은 기본형에서 인구가 상대적으로 적은 면 지역 농어촌 특성을 고려하여 인력배치를 집약화한 유형이다.

2022년까지 전체 읍면동은 인력확충 상황에 따라 기본형을 거쳐 확장형으로 추진하고 있다. 미전환 지역은 여건에 따라 기본형 또는 농어촌특성화형으로 전환이 기본 원칙이다. 찾아가는 보건복지계는 2020년 12월에 전국 읍·면·동 3,492개소 중 3,197개소에 설치하여 운영하고 있다. 전담 인력은 3,197개소에 12,633명이고, 공무원 11,674명과 민간 인력 952명이며 전국 평균 3.9명이다.

이 같은 읍·면·동 행정복지센터에 찾아가는 보건복지계가 정착되어 지역사회의 플랫폼 역할을 하기 위해서는 다음과 같은 과제가 해결되어야 한다. 대도시, 중소도시, 농산어촌 등 지역 특성을 반영한 다양한 조직모형 제시, 찾아가는 보건복지계와 복지행정계의 업무분장과 책임 명확화, 보건과 사회복지공무원의 업무 역할체계 정립, 지속적인 사회복지 전문인력 확충·관리, 읍·면·동장과 계장의 사회복지직 공무원 확대 배치, 복지정책 변화와 주민 욕구 다양화에 따른 전문교육 제도화 등이 개선되어야 한다.

찾아가는 보건복지서비스의 읍·면·동 평가제도 필요

보건복지부가 해마다 전국 시·군·구를 대상으로 지역복지사업 평가를 시행하고 있다. 이 평가제도를 통해서 시·군·구 간의 건전한 경쟁을 유도하고, 복지정책 인식 제고와 사업 정착의 안정화를 꾀하고자 한다. 평가 분야는 크게 지역사회보장계획과 복지 전달체계 개선으로 나누어진다. 읍·면·동 지역사회복지와 관련한 복지 전달체계 개선 평가는 ① 찾아가는 보건복지서비스 기반 마련, ② 찾아가는 보건복지서비스 제공, ③ 통합사례관리와 민·관 협력 자원연계, ④ 사회적 경제와 일자리 창출 분야로 세분된다. 연말에 그 실적을 평가한 후, 전국 우수 시·군·구를 대상으로 기관 표창과 포상금을 지급한다.

시·군·구는 보건복지부처럼 자체적인 지역복지사업 평가제도가 대부분 없고 종합행정평가 항목에 일부 포함되어 시행되고 있다. 읍·면·동의 경우 맞춤형복지계에서 추진하는 찾아가는 보건복지서비스가 지역복지사업 평가와 밀접한 관계가 있다. 하지만 시·군·구에서 보건복지부의 평가항목에 따라서 읍·면·동 평가실적을 관리하고 있을 뿐이다.

그렇다면 왜 읍·면·동의 평가관리가 중요할까? 읍·면·동은 주민과의 보건복지서비스의 최접점에 있는 행정기관으로서 그 서비스에 직접적인 영향을 주기 때문이다. 시·군·구에서 평가계획을 수립하여 추진할 때 대부분 읍·면·동의 추진 실적을 토대로 하고 있다. 그 공적은 시·군·구 차지가 된다.

사회복지공무원이 읍·면·동에서 찾아가는 보건복지서비스 업무를 꺼리는 이유는 업무가 어렵고 열심히 업무성과를 쌓아도 보상이 없기 때문이다. 시·군·구의 경우 보건복지부 지역복지사업 평가에서 수상하면 관련 과 공무원은 포상, 인사 가점, 해외연수 등 직접적인 혜택을 받을 수 있다. 하지만 읍·면·동 사회복지공무원이 그 혜택을 받기란 낙타가 바늘구멍 통과하듯이 매우 어렵다. 낙수효과를 기대하기란 쉽지 않다.

읍·면·동의 사회복지공무원은 승진에서 한발 물러서 있다. 특별한 동기부여가 되지 않으면 시·군·구에 근무하는 것처럼 열성적으로 업무 추진이 어렵다는 한계점이 있다. 가뜩이나 인력도 부족한 상태에서 수많은 복지업무가 찾아가는 보건복지서비스와 맞춤형서비스라는 이유 하나만으로 쏟아져 내려오기 때문에 소진 현상도 심화하고 있다.

읍·면·동 사이에 동장 - 계장 – 주무관의 복지 관심, 업무 능력과 전문성 등에서 심한 편차가 나타나고 있다. 업무성과가 개인의 전문능력과 가치에 의하여 롤러코스터처럼 기복이 심하다. 본연의 업무에 충실한 사회복지공무원이 자연스럽게 복지부동할 수밖에 없다. 이 같은 관료주의를 극복하지 않으면 그 피해는 고스란히 주민에게 돌아가게 된다.

읍·면·동 맞춤형복지의 업무 편차를 줄이고, 공정성을 강화하기 위해서 시·군·구마다 읍·면·동 실정에 맞는 평가제도를 도입해야 한다. 익산시의 경우 2018년에 찾아가는 복지서비스 강화를 위한 읍·면·동 맞춤형복지 평가(포상) 계획을 수립하였다. 이는 익산시사회복지행정연구회에서 익산시장께 건의한 사항이 받아들여져 전격 시행되었다. 이 같은 평가는 찾아가는 보건복지서비스 강화와 읍·면·동 간 복지 격차

완화에 목적이 있다. 포상을 통한 사기진작, 선도·모범사례 발굴과 우수사례를 공유하는 데 그 뜻이 있다.

29개 읍·면·동을 맞춤형복지 조직유형별(기본형, 권역형) 3개 그룹으로 나눈 후 보건복지부 평가지표에 따라 평가항목을 만들었다. 읍·면·동과 지역사회보장 평가를 통해 기관 표창과 포상금을 지급함으로써 읍·면·동 간 공정한 업무실적 관리와 사회복지공무원의 사기진작을 도모했다.

정부의 지역사회복지 정책이 읍·면·동을 중심으로 찾아가는 보건복지서비스를 비롯하여 주민자치형 공공서비스, 지역사회통합돌봄 등이 추진되고 있다. 비자치단체인 읍·면·동의 조직 기능 강화를 위한 목적으로 사회복지공무원의 전문능력 향상의 목소리가 갈수록 높아지고 있다. 물론 평가나 보상만이 해답이라고 할 수는 없다. 하지만 평가관리는 시·군·구 또는 읍·면·동 간 복지 수준 격차를 최소한으로 줄이고, 주민복지 향상을 위한 질적 수준을 높일 수 있는 한 가지 장치임은 틀림없다.

지역사회통합돌봄사업 정착을 위한 경로당·보건지소 활용방안

우리나라는 2025년경에 65세 이상 노인 인구가 전체 인구의 20% 이상인 초고령사회에 진입할 전망이다. 이에 대응하여 보건복지부는 2019년 6월부터 16개 시·군·구에서 지역사회통합돌봄 선도 사업을 시행하고 있다. 이에 발맞춰서 읍·면·동의 복지기능 전환을 꾀하고 있다. 2019년부터 읍·면·동에 찾아가는 보건복지서비스 시행을 위하여 사회복지공무원과 간호공무원을 신규 배치하고 있다. 2020년부터 노인맞춤돌봄서비스를 시·군·구의 기관별에서 권역별로 통합시켜 맞춤형 노인복지서비스를 시행하고 있다.

읍·면·동에 주민밀착형 지역사회통합돌봄사업을 체계적으로 구축하기 위해서는 서비스 전달체계 개편이 필요하다. 이 사업의 활성화와 정착을 위한 경로당과 보건지소(진료소) 활용방안을 살펴보면 다음과 같다.

첫째, 농촌 경로당의 지역사회통합돌봄 플랫폼 체계 구축이다. 마을 간의 교통, 생활 거리, 유대관계 등 편리성에 맞게 권역별로 묶어서 지역사회통합돌봄 거점센터를 구축해야 한다. 노인복지법을 개정하여 노인복지시설의 종류에 농촌형 노인종합복지센터를 신설해야 한다.

둘째, 보건지소·보건진료소에 찾아가는 보건복지서비스의 거점 체계 구축이다. 보건행정체계는 리 단위까지 구축되어 있기에 농촌 지역 인구와 보건 기능 변화에 따른 공간과 프로그램의 대전환이 요구된다. 의료복지서비스를 복합적으로 제공할 수 있도록 관련 법이 개정되어야 한다. 읍・면 행정복지센터의 역할체계 정립도 필요하다.

셋째, 도시 경로당의 복지문화복합센터로 전환이다. 도시지역 노인들의 수요와 욕구를 면밀하게 분석하여 경로당을 신축할 때, 정부의 <생활SOC사업>으로 복지문화복합센터로 전환하여 설립해야 한다. 건물 신축에 따른 토지매입 비용이 과다 소요되기 때문에 기존 경로당 부지를 활용하면 효율적일 것이다.

넷째, 읍・면・동 지역사회복지 조직과 역할체계가 다음과 같이 개선되어야 한다. ① 정부의 읍・면・동 지역사회복지사업 추진 관련 관계 법령과 조례 재정비 ② 읍・면・동 지역사회복지사업의 조직과 역할을 명확히 구분 운영 ③ 읍・면・동 지역사회복지사업과 관련한 통합운영 지침 마련 ④ 읍・면・동 지역사회복지사업과 관련한 민・관 통합 교육과정 운영 ⑤ 시・군・구에 읍・면・동 지역사회복지를 종합적으로 지원・관리할 조직이 마련되어야 한다.

이와 같은 개선을 위해서는 기존 사회복지행정 서비스 전달체계를 지역사회통합돌봄 서비스 전달체계로 개편해야 한다. 사회복지국 산하 돌봄 관련 사회서비스를 지역사회통합돌봄과로 통일시키고, 읍・면・동 행정복지센터를 지역사회통합돌봄의 구심점 역할을 할 수 있도록 지역센터화시켜야 한다. 그 산하에 리 단위의 경로당과 보건진료소를 지역돌봄 거점센터로 확대하여 주민밀착형 보건복지서비스를 지원하도록 해야 한다. 즉, 사회복지국과 민간 사회복지기관의 돌봄서비스를 한 곳으로 단일화시켜야 한다.

지역사회통합돌봄 서비스 전달체계 구축을 위해서는 <표 15> 사회복지행정 서비스 전달체계를 <표 16> 지역사회통합돌봄 서비스 전달체계로 개편해야 한다.

〈표 15〉 기존 : 사회복지행정 서비스 전달체계

〈표 16〉 개선 : 지역사회통합돌봄 서비스 전달체계

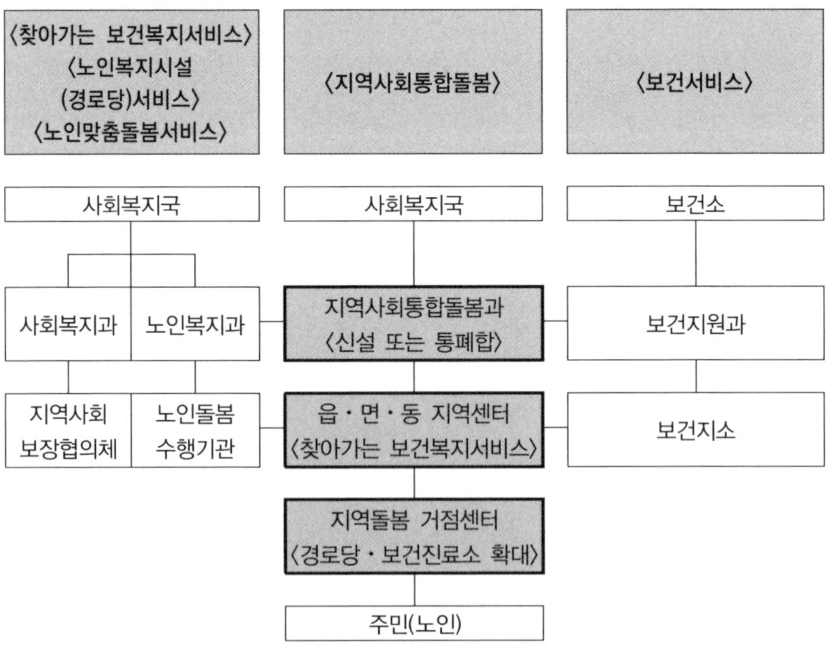

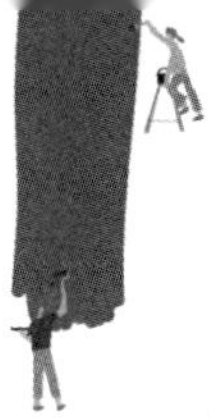

읍 · 면 · 동 지역사회복지 현장 책 소개

공공사회복지 최일선 읍·면·동의 지역사회복지에 관한 책을 소개하고자 한다. 책 선택 기준은 첫째, 읍·면·동 공공 지역사회복지와 관련된 내용이어야 한다. 둘째, 읍·면·동에서 현장 활동한 사회복지사 또는 전문가의 글이어야 한다. 지역사회복지 현장은 항상 척박하다. 기록되지 않으면 기억되지 않는다. 다음 책들이 읍·면·동 지역사회복지 사업에 타산지석이 되었으면 한다.

1. 마을복지계획 어떻게 세울까(박태영 · 허숙민 · 이진선 · 전성남, 공동체, 2020)

이 책은 마을복지계획의 이해를 돕기 위한 부분과 광주광역시 오치1동 마을복지계획 수립 경험, 일본 지방자치단체에서 지역사회복지계획 수립을 위한 주민 간담회 직원 안내서, 마을복지계획 수립을 위한 안내서를 제시하는 것으로 구성되었다.

오치1동의 마을복지계획을 수립한 경험과 사례가 고스란히 녹아있다. 읍·면·동 차원에서 마을복지계획을 세우려는 곳이나 관계자에게는 도움이 될 길잡이이다.

총 4장으로 구성되어 있는데 1장 마을복지계획의 이해, 2장 마을복지계획 수립 경험, 3장 일본의 주민 간담회 담당 직원 안내서, 4장 마을복지계획 수립 안내서이다.

2. 동네복지, 민 · 관 협력으로 하나 되기(김 헌 · 전병관, 공동체, 2019)

20년 이상 경력의 사회복지공무원과 지역사회복지 현장 연구자가 뜨거운 마음으로 글을 썼다. 시 · 군 · 구의 지역사회보장협의체가 읍 · 면 · 동까지 확대되었고, 찾아가는 맞춤형 복지서비스가 강화되면서 민 · 관 협력 관계가 더욱 중요해졌다. 지역사회에서 어떻게 지역사회보장협의체를 조직화하고 활성화해 지역사회복지사업을 꽃피울 수 있을까 고민하는 사회복지공무원에게 단비와 같은 책이다.

총 4장으로 구성되어 있으며 1장 민 · 관 협력 스케치, 2장 민 · 관 협력의 가치, 3장 사례로 배우는 성공하는 민 · 관 협력 아홉 가지 원리, 4장 민 · 관 협력 변화를 위한 제안이다.

3. 기적 아닌 날은 없다(강위원, 오월숲, 2017)

2007년 초 권혁범, 김강선 가족이 전라남도 영광군 묘량면에 이주해 온 날로부터 여민동락공동체의 역사는 시작된다. 좌충우돌한 여민동락공동체 10년의 기록이다. 민간 사회복지시설 중심의 농촌복지와 마을공동체의 새로운 실천 모델을 제시하였다.

총 4부로 구성되어 있다. 1부 여민동락이 사는 법, 2부 여민동락공동체가 하는 일, 3부 여민동락 사람들. 4부 여민동락의 미래, 마을의 미래이다.

4. 소명(김진학, 한빛애드프린원, 2016)

저자인 김진학은 1987년에 사회복지공무원으로 최초로 임용되었다. 대한민국 공공사회복지의 선구자라 할 수 있다. 서울시에서 사회복지공무원으로 30년 동안 외길을 걸어온 기록이다. 대한민국 사회복지공무원

제도가 어떻게 변천되었는지 법, 정책, 제도의 변화를 일목요연하게 총 정리하였다.

총 3부로 구성되어 있다. 1부는 사회복지사로서 대한민국 사회복지발전을 위해 민·관 협력을 행동으로 실천한 내용이다. 2부는 한국사회복지사협회 번영을 위해 중앙협회, 서울협회 임원을 맡으며 수행한 내용이다. 3부는 사회복지사 권익 신장을 위해 사회복지공무원으로 수행한 내용이다.

5. 국가복지에서 동네복지로(전병관, 우물이 있는 집, 2015)

어느 시골 동장의 동네복지 이야기다. 시골동네에서 행정의 최일선이라고 할 수 있는 복지의 원형을 찾는 한 동장의 시도를 담고 있다. 이 책은 오랫동안 잊혀 있던 동네를 재발견했다는 점에 큰 의의가 있다. 단순한 이론이 아니라 저자가 직접 발로 뛰고 경험을 통해 제안하는 복지는 복지 현장에서 근무한 공무원, 사회복지사, 동네의 복지에 관심이 많은 사람에게 훌륭한 교과서 역할을 할 수 있다.

총 6장으로 구성되어 있다. 1장 동네의 발견, 2장 동네복지의 가치, 3장 복지동장 이야기, 4장 동네복지를 만들어 가는 이야기, 5장 살맛 나는 동네복지 이야기, 6장 동네복지의 행복한 미래이다.

통합사례관리지침 한데 묶어야!

우리나라에서 사례관리는 2000년대 이후부터 사회복지 실천방법으로 주목받기 시작했다. 최근에는 민・관 기관의 다양한 영역에서 사회복지서비스의 주요한 방법으로 인식되고 있다. 사회복지실천이 점차 의료 모델의 영향을 받아 사회복지대상자의 문제해결과 치료에 초점을 두고 발전해 온 것과 달리, 사례관리는 사회복지대상자의 욕구에 초점을 두고 다양한 자원과 서비스를 효율적으로 연계하는 접근으로서, 사회복지사가 제공하는 기본적인 서비스로 자리 잡게 되었다.

사례관리는 시・군・구에서 통합사례관리란 용어로 사용하고 있다. 사회보장급여의 이용・제공 및 수급권자 발굴에 관한 법률 제42조의2 통합사례관리에 근거를 두고 있다. 시・군・구에서는 2012년 희망복지지원단이 설치되면서 통합사례관리 사업이 최초로 시작되었다. 2016년에 복지허브화가 시행되면서 읍・면・동까지 확대되었고, 그 담당 인력인 사회복지공무원도 확충되었다. 비교적 짧은 역사에도 불구하고 전국적인 통합사례관리 지원 체계를 구축하게 되었다는 평가를 받고 있다.

통합사례관리란 지역 내 공공・민간자원에 대한 체계적인 관리・지원 체계를 토대로 복합적이고 다양한 욕구를 가진 대상자에게 복지・보건・고용・주거・교육・신용・법률 등 필요한 서비스를 통합적으로 연계・제공하고 이를 지속해서 상담・관찰해 나가는 것이다. 그 목표는 지역주민의 다양한 욕구에 맞춤형서비스를 연계・제공함으로써 지역주민의 삶을 안정적으로 지원・지지하고, 복지제도의 효과성・효율성을 향상하는 데 있다.

읍·면·동 행정복지센터에서 추진하는 찾아가는 보건복지서비스의 핵심사업은 ① 찾아가는 상담 ② 복지 사각지대 발굴 ③ 통합사례관리 ④ 민·관 자원협력 ⑤ 방문 보건복지이다. 이 사업내용과 전체적으로 연계된 것이 통합사례관리이다. 주민 욕구와 문제 해결을 위한 맞춤형 보건복지서비스라 할 수 있다.

전국적으로 통일된 통합사례관리 지침은 다음과 같다. 보건복지부의 『2021년 희망복지지원단 업무안내』, 사회보장정보원의 『통합사례관리 실천 가이드』, 한국보건복지인력개발원의 『2018년 사례관리실천 우수사례집』, 보건복지부·사회보장정보원의 『공공부문 사례관리 연계·협력 업무안내』, 사회보장정보원의 『사회보장정보시스템(행복e음) 사례관리 교육교재』 등이 있다.

그간 통합사례관리가 급속히 확장되면서 업무 추진을 위한 지침, 사례집, 실천 가이드가 발간되었다. 하지만 공공복지 최일선에서는 책이 다양하게 나뉘어 있어서 사회복지공무원의 통합된 업무 연찬을 저해시키고 있다. 책 내용도 유사·중복되어 있어서 혼란스러우며 사례관리대상자의 유형별 다양한 사례가 매우 빈약하다. 행복e음의 통합사례관리 10단계의 과정별 전산 안내 책자가 없어 자료입력에 불편을 겪고 있다. 현장 실정이 이렇다 보니까 통합사례관리 업무 특성상 많은 시간이 소요되고, 복잡한 전산 때문에 업무 기피 현상이 나타나고 있다.

전라북도사회복지행정연구회는 이 같은 문제점을 연구하고자 2017년에 통합사례관리실천사례연구반을 설치하였다. 원광대학교 조인주 교수님을 중심으로 사회복지공무원과 통합사례관리사 9명으로 이루어져 있다. 사회복지대상자별 5개 사례를 선정하여 행복e음의 사례관리 10단계 절차에 맞추어 연구를 시작하였다. 연구비는 회비 1백만 원으로 마련하였다. 약 1년 동안 30여 차례의 연구모임을 가졌다. 사회복지공무원이 고진감래 끝에 2018년 6월 전국 최초로 <사회복지대상자=행복e음 중심의 통합사례관리 실천사례집>을 1천 권 발간하였다.

이 책으로 조인주 교수님과 함께 전라북도 14개 시군의 사회복지공무원을 대상으로 총 9회에 걸쳐서 300명에게 순회 교육을 시행했다. 전국에서 사회복지공무원의 책 구매 문의가 쇄도하였다. 이 책이 최일선 현장의 척박한 환경에서 통합사례관리를 선도해 나가는 길잡이가 되었으면 한다. 사회복지사의 전문적 기술 향상과 역량 강화를 위한 밑거름이 되길 기대해 본다.

통합사례관리의 내실화를 위해서는 지침 - 실천 가이드 - 사례집의 책자가 한 권으로 통합되어야 한다. 즉, 통합사례관리의 기본 목적이 말 그대로 통합적인 사례관리에 있듯이 이 복지서비스를 지원하기 위한 각종 책자도 통합되어야 한다. 먼저 지침과 실천 가이드의 통합이다. 이는 역으로 유사·중복된 내용을 정리하면 가능하다. 두 번째로 사례집과 행복e음의 통합이다. 사례를 단순하게 서술하는 차원이 아닌 행복e음의 통합사례 10단계 과정에 맞게 기술하고 그 기능 설명이 별도 첨가되어야 한다. 이 두 가지 이론과 실천 분야를 한 권의 책으로 통일하면 학습능력과 업무처리 속도 향상에 크게 도움을 줄 수 있다고 여겨진다. 통합사례관리는 찾아가는 보건복지서비스의 꽃이다. 꽃을 피우기 위해서는 통합이 필요하다.

행복e음의 사례관리 입력절차 간소화 필요

행복e음은 각종 사회복지 급여와 서비스 지원 대상자의 자격과 이력에 관한 정보를 통합 관리한다. 지방자치단체의 복지업무 처리를 지원하기 위해 기존 시·군·구별 새올행정시스템의 31개 업무 지원시스템 중 복지 분야를 분리하여 개인별·가구별 데이터베이스로 중앙에 통합 구축한 정보시스템이다.

운영목적은 사회복지대상자 선정·사후관리를 위해 소득·재산자료, 서비스 이력 정보를 연계하여 지방자치단체에 제공함으로써 수급자 선정의 정확성을 제고하고 사회복지공무원의 업무수행 편의성을 향상하는 데 있다. 주요 서비스는 보건복지부를 중심으로 한 중앙 5개 부처의 120개 사회복지사업을 제공하고 있다.

행복e음의 기본 폴더는 총 13개로써 복지대상자, 통계, 상담·신청, 조사·결정, 변동·사후, 자료 정비, 보육·아동수당, 아동·청소년, 사례관리, 기준, 감염병 관련 생활 지원, 자원관리, 연계 모니터링이 있다.

이중 사례관리는 행복e음의 10단계 입력절차를 걸쳐야 한다. 그 절차와 단계별로 입력해야 하는 탭이 서로 분리되어 있다. 사례관리대상자의 단계별 입력 상황을 한눈에 볼 수 없기 때문에 불편하다. 불필요한 입력내용의 중복 때문에 동일 내용을 복사해서 붙여 넣기도 한다. 사후조사인 모니터 상담은 사례관리 대상자의 현재 욕구와 필요한 서비스 정도만 파악하면 된다. 복잡한 모니터 상담지 작성을 위해 처음부터 상담 조사해야 하는 어려움은 모니터 상담을 꺼리는 요인으로 작용한다.

행복e음의 복잡하고 불필요한 입력 탭 때문에 사회복지공무원이 사례관리를 어렵게 여기고 있다. 행복e음에 입력할 때 장시간이 소요되어 사례관리 업무 기피 현상이 더욱 두드러지고 있다. 결국 탁상 복지행정으로 이어지면서 찾아가는 보건복지서비스에 오히려 역효과를 초래하는 측면이 발생하고 있다.

이에 따른 개선방안으로는 첫째, 행복e음의 초기상담과 인적 정보를 통합하여 초기상담 과정에서 충분히 대상 가구에 대한 기본현황이 파악되도록 해야 한다. 욕구조사와 위기도 조사를 통합해서 한 화면에서 종합적으로 분석할 수 있어야 한다. 사례 회의와 대상자 선정을 통합해서 사례 회의 단계에서 바로 대상자를 선정할 수 있도록 해야 한다. 서비스 제공계획과 서비스 점검을 하나의 과정으로 통합하여 계획에 맞는 서비스를 제공했는지 즉시 확인이 가능할 수 있도록 했으면 한다.

둘째, 모니터 상담지는 사례관리 인적 정보와 내용상 유사·중복되기에 사후관리 차원에서 최소한 상담내용과 서비스 연계 사항으로 간소화시켜서 사후관리에 부담을 느끼지 않게 해야 한다.

셋째, 통합조사표와 같이 사례관리 통합조사표도 사례관리대상자의 정보를 한눈에 알아볼 수 있도록 개선되어야 한다. 자료 추출은 10단계 분야별(초기 상담지, 욕구조사 결과 등)로 개별적 출력이 아닌 통합조사표와 같이 통합 출력할 수 있도록 간소화시켜야 한다.

읍·면·동 찾아가는 보건복지서비스의 핵심사업 중 하나가 사례관리이다. 사회복지공무원이 복지 현장을 발로 누비며 사례관리대상자에게 신속한 서비스 지원을 위해서는 행복e음의 사례관리 10단계 축소와 전산입력 절차 간소화가 선행되어야 한다.

제3장
지역사회복지 사업과 사례

지역사회복지와 지역사회복지사업 함수관계

지역사회복지란 지역과 사회복지의 합성어이다. 단어 의미는 이렇다. 지역이란 전체 사회를 어떤 특징으로 나눈 일정한 공간 영역을 말한다. 행정구역으로 말하자면 특별시·광역시·도, 시·군·구, 읍·면·동, 통·리 단위를 들 수 있겠다. 사회복지는 국민의 생활 향상과 사회보장을 위한 사회정책과 시설을 통틀어 이른다. 헌법에서는 사회복지와 사회보장 용어를 혼용하여 사용하고 있는데 뚜렷하게 구분하지 않고 있다. 다만, 하위법인 사회보장기본법 제3조에서는 사회보장을 출산, 양육, 실업, 노령, 장애, 질병, 빈곤, 사망 등의 사회적 위험으로부터 모든 국민을 보호하고 국민 삶의 질을 향상하는 데 필요한 소득·서비스를 보장하는 사회보험, 공공부조, 사회서비스라고 규정하고 있다. 지역사회복지란 사회복지사업법 제2조에서 주민의 복지 증진과 삶의 질 향상을 위하여 지역사회 차원에서 전개하는 사회복지라고 하였다.

사회복지사업은 사회복지사업법 제2조의 국민기초생활보장법 외 30개의 관련된 법률에 따른 보호·선도 또는 복지에 관한 사업과 사회복지상담, 직업지원, 무료 숙박, 지역사회복지, 의료복지, 재가복지, 사회복지관 운영, 정신질환자, 한센병력자의 사회 복귀에 관한 사업 등 각종 복지사업과 이와 관련된 자원봉사활동, 복지시설의 운영 또는 지원을 목적으로 하는 사업이라고 했다. 이처럼 지역사회복지사업 범위는 공공부조와 사회서비스를 포함한 선별적 복지에서 보편적 복지로 점차 확대되었다.

이 책에서는 지역사회복지사업을 시·군·구와 읍·면·동에서 주민의 사회복지 가치 실현을 위한 사업으로 한정하여 사용하고자 한다. 정부는 이 지역을 중심으로 찾아가는 보건복지서비스를 비롯하여 지역사회통합돌봄, 노인맞춤돌봄서비스 등 복지정책을 펼치고 있다. 이 정책은 각기 개별적인 특성이 있지만, 넓은 의미에서는 지역사회복지사업이라 할 수 있다.

이 단어를 품사로 보면 지역사회복지는 형용사이다. 지역사회에서 행복, 안녕을 뜻하는 가치, 이념 등이 내포되어 있다. 이에 반면 지역사회복지사업은 동사이다. 지역사회복지 가치 달성을 위하여 어떤 일을 일정한 목적과 계획을 세우고 짜임새 있게 지속해서 경영하는 것으로 운동, 실천적 성격이 강하다. 한편 지역사회복지는 주민의 삶의 질 향상, 지역복지 증진 같이 목적 지향적이며 추상적인 성격이 강하다. 지역사회복지사업은 밑반찬 서비스, 집수리사업, 돌봄, 가사서비스처럼 구체적이면서 실천적이다. 이 두 단어가 내포하고 있는 개념을 온전하게 이해할 수 있을 때 전체와 부분을 제대로 구분하여 볼 수 있다. 비로소 사업계획 수립과 추진 과정에서 명확한 방향을 잡고 바르게 실천해 나갈 수 있다.

2020년에 새롭게 시작한 노인맞춤돌봄서비스를 예로 들어보자. 이 사업 목적은 일상생활 영위가 어려운 취약 노인에게 적절한 돌봄서비스를 제공하여 안정적인 노후 생활 보장, 노인의 기능·건강 유지와 악화 예방에 있다. 바로 사회복지 이념의 일부라 할 수 있다. 사업내용으로는 노인돌봄서비스를 비롯한 노인돌봄종합서비스, 단기가사서비스, 독거노인 사회관계 활성화, 초기 독거노인 자립 지원과 지역사회 자원연계가 있다. 이는 사회복지 실현을 위한 구체적인 사업이라 할 수 있다. 만약 지역사회복지의 목적이 불분명하면 그 사업이 초점을 잃을 수 있다. 반면 사업내용이 그 가치를 담아내지 못하면 주민 욕구를 제대로 반영하지 못함으로써 사업을 위한 사업으로 전락하거나 그 효과성과 효율성이 반감될 수 있다.

최일선 공공복지 현장에서는 사업 실천을 통하여 복지 사상을 추구해 나가는 것이지 복지 실천을 통하여 사업 사상을 추구해 나가는 것이 아니다. 자칫 주객이 전도되면 그 사업은 비효과적이고 비효율적일 수밖에 없다. 행정력 낭비에 따른 주민의 보건복지서비스 저하는 당연한 귀결이라 할 수 있다. 특히 읍·면·동 지역사회보장협의체에서 추진하는 지역사회복지 특화사업의 경우 지역사회 실태조사를 통한 주민의 욕구와 문제, 지역 특성이 반영된 그 목적과 사업내용이 구체적이면서 뚜렷하게 제시되어야 성공할 수 있다.

읍·면·동 행정복지센터는 찾아가는 보건복지서비스를 추진하는 데 방문상담과 서비스 연계, 민·관 협력과 자원발굴 지원, 지역사회보장협의체 활성화 등 지역사회복지사업이 주민참여, 민·관 협력을 통하여 주민복지가 실현될 수 있는 플랫폼이 되어야 한다. 이 실천을 위한 사회복지공무원의 역할은 기획자, 중재자, 조력자, 실천자 등으로서 충실히 수행할 수 있어야 한다.

공공사회복지 행정이 지역사회복지와 지역사회복지사업 사이에서 주민을 위한 징검다리 역할을 다할 때 비로소 주민의 삶의 질 향상은 물론 피부로 체감하는 복지 온도를 높여 나갈 수 있다. 이 두 단어의 명확한 개념 정립과 이해는 지역사회 주민의 복지를 증진하기 위한 첫 단추이다. 이와 관련된 사회복지 영역 체계는 <표 17>과 같다.

독일 철학자 칸트는 "사상 없는 행동은 맹목적이고 행동 없는 사상은 공허하다"라고 했다. 지역사회복지라는 사상(이론)과 지역사회복지사업이라는 행동(실천)이 균형과 조화 속에서 전국 시·군·구와 읍·면·동에 연착륙되기를 희망해 본다.

〈표 17〉 **사회복지 영역 체계**

사회복지이념
↓
사회복지정책
↓
사회복지법제
↓
사회복지행정
↓
사회복지실천
↓
사회복지대상자

자원봉사자 등록해 주세요

필자는 2017년 1월에 영등1동행정복지센터의 맞춤형복지계장으로 발령을 받았다. 민족 고유 명절인 설을 불과 며칠 앞둔 때였다. 영등1동 새마을부녀회에서는 해마다 저소득층 김치나눔봉사사업을 실시했다. 회원들은 전날 직접 장을 보고 속 재료를 준비하여 행정복지센터 주차장에 삼삼오오 모여 앉아 햇김치를 담았다. 대부분 60대 이상의 회원이 1년에 4~5회 정도 꾸준히 김치나눔봉사를 실천해 왔으니 이웃과 함께 나누는 마음이 따뜻하게 느껴졌다.

맛깔스러운 김치는 사회복지공무원이 오후에 독거노인과 장애인 10가구에 배달서비스를 하였다. 종전에는 거동이 불편한 사람에게 가정방문하여 전해드리고, 가까운 거리에 사는 사람은 전화로 찾아오도록 하여 직접 가져가도록 하였다. 사고위험 예방과 저소득층이라는 낙인감을 없애고자 일단 방법을 바꾸어 후배 공무원과 관용 트럭으로 전 가구를 방문하여 전해드렸다.

그 후, 4월 두 번째 김치나눔봉사 때 일이다.

“김치는 담으시면서 왜 가정 방문하여 직접 전해드리지 않습니까?”

“우리 회원들은 힘들어 못 하니까 직원이 알아서 해줬으면 좋겠네요.”

회장께서는 단호하게 말씀하셨다. 그동안 약 10년 넘게 이런 방식으로 봉사활동을 해왔다고 하였다. 봉사 절차에 문제가 있어 보였다. 처음에는 갓 발령받아 초면에 잘못된 관행을 바꾸어나갈 수 없어서 모른 채 넘어갔다. 회원과 어느 정도 안면을 익힌 후, 6월 정기회의에 참여하여 대화를 나누었다.

"혹시 익산시자원봉사센터에 자원봉사자로 등록되어 있습니까?"

"하지 않았는데요."

"왜, 하지 않았습니까?"

"익산시새마을지회에서 별도 단체라고 해서 전부 가입하지 않았습니다."

"그러면 자원봉사를 시행하다가 사고가 나면 누가 보험처리를 해주고, 자원봉사 교육 시간은 누가 관리해 줍니까?"

"그건 잘 모르겠고요. 회원 회비와 익산시새마을지회에서 일부 지원한 금액을 가지고 김치담그기 봉사만 하고 있습니다."

"익산시자원봉사센터에 자원봉사자로 등록하면 상해보험 가입과 자원봉사 시간을 관리해 줍니다. 절차도 복잡하지 않으니까 안내해 드릴까요?"

"익산시새마을지회에 문의 후 알려드릴게요."

"이는 지회와 전혀 관련이 없습니다. 회원님들의 자원봉사 관리를 위하여 필요한 만큼 협조해 주시면 고맙겠습니다."

"예, 그럼 그렇게 할게요."

회의 후, 회원 19명이 익산시자원봉사센터에 자원봉사자로 등록할 수 있도록 안내해 주었다. 센터에 의뢰하여 자원봉사 교육도 시행하였다. 자원봉사자 상해보험 가입도 자동으로 이루어졌다. 자원봉사 실적관리가 전혀 이루어지지 않아서 기관장 포상을 위한 공적 조서 작성 때 증빙서류 입증이 어려웠는데 이로써 쉽게 해결되었다. 자원봉사 시간은 행정복지센터에서 대행하여 처리해 주었다.

가장 큰 문제인 김치 배달서비스를 누가 하느냐였다. 그해 연말에 5개소 지역아동센터와 협약식을 맺었다. 새마을부녀회도 당연히 봉사 협약식에 참여하였다. 지역아동센터의 초등학생을 자원봉사자로 등록하였다. 센터장의 인솔 아래 어린이들이 독거노인과 장애인 가정에 방문하여 김치를 전달해 주도록 하였다. 어린이 50여 명도 익산시자원봉사센터 팀장으로부터 자원봉사 교육을 받았다. 어린이가 매월 독거노인과 장애인의 안부를 살피고, 복지서비스가 필요한 가구를 행정복지센터에 제보해주면 사회복지공무원이 2차 개입을 하였다. 어린이들의 봉사도 중요하지만, 항상 복지수혜자가 아니라 지역사회의 자원봉사자로 함께 참여할 수 있다는 교육목적도 한몫했다.

김치 봉사가 끝나면 회장께 언론 기사를 모아서 전해 드렸다. 사회복지공무원이 사회복지대상자 실태조사를 했는데 김치가 필요한 노인이 있다고 하니 5가구를 더 추가로 지원해 주셨다. 김장 비용이 부족하면 영등1동지역사회보장협의체에 기부금액이 있으니까 사용할 수 있다고 언질을 주기도 했다. 플라스틱 김치통은 지역사회보장협의체 위원이 후원해 주었다. 사회복지공무원은 수혜자에게 정기적으로 연 2회 만족도 조사를 시행하였고, 서비스 지속 여부, 김치 수요 등을 주기적으로 확인하여 사후관리를 잊지 않았다.

회장께서는 연말에 10여 년 동안의 회원 활동을 내려놓으면서 "지금까지 새마을부녀회 봉사활동을 하면서 이렇게 대접받기는 처음이다. 새마을부녀회를 알아주고 챙겨주셔서 감사하다"라고 했다. 새마을부녀회의 저소득층 김치나눔봉사사업은 사회복지공무원이 계획 · 조정 · 사후관리를 해줌으로써 비로소 자원봉사 체계가 정착되기에 이르렀다.

자원봉사 특징은 주민의 자발적 참여, 무보수성 공익성, 지속성으로서 사회적 무형의 자산이다. 사회복지공무원은 사회복지사로서 본연의 임무를 수행해야 한다. 스스로 자원봉사자가 되거나 아니면 자원봉사자의 자원봉사자가 되어서 주객이 전도되지 않도록 과거 자원봉사활동을 한 번쯤 뒤돌아보며 곱씹어 보았으면 한다.

읍·면·동의 찾아가는 보건복지서비스와 지역사회보장협의체의 활성화를 위해서는 종합적·체계적인 자원봉사 관리가 되어야 한다. 민·관 협력은 자원봉사에서 시작하여 자원봉사로 끝난다 해도 과언이 아니다. 그에 대한 정확한 문제점 파악과 진단을 통해서 해결해 나가는 자세가 필요하다. 자원봉사 확대에 따른 자원봉사 행정의 사각지대를 찾아내어서 바로 세워야 한다. 업무재정립이 필요하다.

아프리카 속담에 "빨리 가려면 혼자 가고 멀리 가려면 함께 가라"라고 했다. 자원봉사활동은 빠른 속도보다 멀리 바라보며 함께 하기 위한 기초 확립이 중요하다. 그럴 때 지역사회 주민의 진정한 봉사자이자 이웃으로 오래 남을 수 있다. 피터 드러커는 "자원봉사는 21세기 인류사회에 있어 최고의 행위는 아닐지 모르지만, 인류에게 가장 중요한 활동의 하나가 될 것이다"라고 했다.

사회복지수급자와 초상권

초상권이란 자기의 초상이 허가 없이 촬영되거나, 또는 공표되지 않을 권리를 말한다. 일명 인격권이라고도 한다. 인격권이란 권리의 주체와 뗄 수 없는 인격적 이익을 내용으로 하는 권리라 할 수 있다.

만약 남의 초상을 본인의 허가 없이 촬영, 공표, 전시하거나 그림엽서 등에 사용하여 권익의 침해가 발생하면 침해받은 자는 손해배상을 요구할 수 있다. 그 목적이 상업용이 아니라 공공의 이익을 위한 것일 때는 예외에 속한다.

우리나라 현행법에는 초상권에 관한 직접적인 규정은 없다. 다만, 대한민국헌법 제10조에 모든 국민은 인간으로서의 존엄과 가치를 가진다고 했다. 이를 일반적 인격권에 포함되는 것으로 보고 있다.

한편 초상권과 인격권을 넓은 의미로 보면 인권이라 할 수 있다. 이와 관련 사회복지사업법 제1조의2 기본이념에서는 사회복지사업을 시행하는 데 사회복지를 제공하는 자는 사회복지를 필요로 하는 사람의 인권을 보장하여야 한다고 했다. 같은 법 제3조에서는 국가와 지방자치단체는 사회복지서비스를 증진하고, 서비스를 이용하는 사람에 대하여 인권침해를 예방하고 차별을 금지하며 인권을 옹호할 책임을 진다고 했다.

전국 읍·면·동 행정복지센터에서는 찾아가는 보건복지서비스를 추진하면서 수많은 지역사회복지사업을 시행한다. 그 사업을 주민에게 알리기 위하여 언론, 누리집 등에 홍보한다. 이때 보도자료에 시각적인 효과를 유발하고자 이웃돕기성금 기탁식, 착한 가게 현판식, 밑반찬 봉사, 집수리사업, 생일잔치 등 관련 사진이 제공된다.

사진 속에는 그 서비스를 제공하는 기관 관계자와 자원봉사자 사이 한가운데에 사회복지수급자가 주인공으로 등장한다. 간혹 사회복지수급자의 얼굴이 그대로 노출된 채 버젓이 찍혀있는 경우가 있다. 후원자와 자원봉사자의 웃는 얼굴과는 대조되게 사회복지수급자의 표정은 그리 밝아 보이지 않는다.

복지서비스는 한마디로 인간 서비스다. 서비스를 받는 사람이 우선 고려가 되어야 한다. 서비스 공급기관과 후원자 중심의 사회복지 홍보는 마땅히 개선되어야 한다. 설령 사회복지수급자의 동의를 구해서 사진을 게재한다 해도 한 번쯤 더 깊이 살펴보아야 한다. 사회복지수급자가 홍보 사진 한 장 찍자고 협조를 구한다면 쉽게 거부할 사람은 없다.

하지만 그 사진이 신문, 인터넷에 노출되는 순간 사회복지수급자는 초상권 침해는 물론이고, 저소득층이라고 동네방네에 소문내는 꼴이 된다. 동정을 자아내어 더 많은 복지서비스를 받을 수 있을지 모르겠지만 한편으로는『주홍글씨』처럼 낙인감을 심어줄 수 있다. 일부 복지서비스를 받기 위하여 자신의 얼굴을 파는 굴욕감을 참아내야 하는데 그 말 못 하는 심정은 오죽할까.

한때 소년소녀가장 돕기 목적으로 후원자와 어린이가 사진을 찍고 홍보하는 사진이 유행했던 때가 있었다. 대부분 어린이 표정이 어둡다. 어린이가 저소득층임이 자연스럽게 밝혀져서 학교 친구한테 왕따를 당하기도 했다. 지금은 아동복지대상자 이름으로 부적합하다고 하여 사용하지 않고 있다. 예전처럼 무분별하게 사진을 찍어서 홍보하지는 않는다. 다만, 아직도 일부에서는 멋모르고 언론 기사 등 홍보 사진으로 사용하기도 한다.

인터넷 홍수 속에서 수많은 사람의 얼굴이 개인 의사와 무관하게 노출되어 심각한 사회문제가 되고 있다. 사회복지사업의 홍보 사진도 착한 일을 위해서 꼭 필요하다. 그러나 사회복지수급자에게 모욕감을 주거나 타자화시키는 행위는 삼가야 한다. 성서에 "오른손이 하는 일을 왼손이 모르게 하라"고 하지 않았던가.

정신질환자, 병원 입원 처리는 이렇게

우리나라 정신질환자 수는 527만 명(니코틴 사용 장애 제외)으로 추정된다. 전체 인구에 2016년 정신질환 실태 역학조사 때 나온 1년 유병률 10.2%를 적용한 값이다. 그중에 중증 정신질환자는 전체의 1%인 52만 명 수준으로 보고 있다.

정신질환자란 정신건강증진 및 정신질환자 복지서비스 지원에 관한 법률에 따르면 망상, 환각, 사고(思考)나 기분의 장애 등으로 인하여 독립적으로 일상생활을 영위하는 데 중대한 제약이 있는 사람을 말한다.

그 기본이념으로는 모든 국민은 정신질환으로부터 보호받을 권리를 가진다. 또, 모든 정신질환자는 인간으로서의 존엄과 가치를 보장받고, 최적의 치료를 받을 권리를 가진다고 규정하고 있다.

정신건강증진시설 종류에는 정신의료기관, 정신요양시설, 정신재활시설이 있다. 정신의료기관에는 의료법에 따른 정신병원, 의원, 병원급 의료기관에 설치된 정신건강의학과가 있다. 정신요양시설이란 정신질환자를 입소시켜 요양 서비스를 제공하는 시설을 말한다. 정신재활시설이란 정신질환자 또는 정신 건강상 문제가 있는 사람 중 정신질환자 등의 사회적응을 위한 각종 훈련과 생활지도를 하는 시설을 말한다.

정신건강증진사업이란 정신건강 관련 교육·상담, 정신질환의 예방·치료, 정신질환자의 재활, 정신건강에 영향을 미치는 사회복지·교육·주거·근로 환경의 개선 등을 통하여 국민의 정신건강을 증진하는 사업을 말한다.

이 같은 정신건강 업무는 시·군·구에서는 보건소가 담당하고 있다. 읍·면·동의 경우 정신질환자는 사회복지공무원의 사례관리대상자 일순위로 손꼽힌다. 사전예방과 문제 해결을 위해서는 보건소와 읍·면·동 공공기관 간 협력이 필요하다. 여기에서는 상호연관성 있는 정신질환자의 입원 또는 퇴원 절차에 대하여 살펴보고자 한다.

정신질환자의 병원 입원은 최소화될 수 있게 지역사회 중심의 치료가 우선으로 고려되어야 한다. 정신건강증진시설에 자신의 의지에 따른 입원 또는 입소가 권장되어야 한다. 정신질환자는 원칙적으로 자신의 신체와 재산에 관한 사항을 스스로 판단하고 결정할 권리를 가진다. 특히 주거지, 의료행위에 대한 동의나 거부, 타인과의 교류, 복지서비스의 이용 여부와 종류 선택 등을 스스로 결정할 수 있도록 자기 결정권을 존중받는다.

정신질환자의 병원 입원의 종류에는 자의 입원, 동의 입원, 보호자에 의한 입원, 응급 입원, 행정 입원이 있다. 정신질환자의 병원 입·퇴원 절차는 <표 18>과 같다.

한편 정신건강복지센터란 정신건강증진시설, 사회복지사업법에 따른 사회복지시설, 학교, 사업장과 연계체계를 구축하여 지역사회에서의 정신건강증진사업과 정신질환자 복지서비스 지원사업을 하는 기관 또는 단체를 말한다.

정신건강 사례관리자의 정신건강복지센터 의뢰기준은 ① 정신질환으로 자살과 자·타해의 위험성이 의심된다. ② 정신질환이 의심되나 치료를 받지 않고 있다. ③ 약물과 증상관리가 안 되어 잦은 재발을 하고 있다. ④ 정신병원 퇴원 이후 지역사회 적응이 필요한 경우이다.

의뢰 절차는 응급사례, 위기사례, 집중사례로 나누어 살펴볼 수 있다. 응급사례는 자살을 시도하는 상황으로서 경찰 또는 119 구급대 호출 후 필요할 때 응급 입원 조치한다. 위기사례는 자살 시도 경험이 있거나 구체적인 자살 계획을 하는 경우로서, 자·타해 위험에 대한 정보제공과 필요할 때 방문 동행한다. 집중사례는 반복적인 자살사고를 표현하는 등 자살 위험이 의심되는 경우로서, 자살 위험성에 대한 정보제공, 정신건강서비스 이용 동의와 필요할 때 방문 동행한다.

〈표 18〉 **정신질환자 병원 입·퇴원 절차**

구분	자의 입원	동의 입원	보호자에 의한 입원	응급 입원	행정 입원
입원 요건	본인 입원 신청서 제출	본인+보호자1인 동의	• 정신질환자 • 입원치료 또는 요양을 받을 만한 정도 또는 성질의 정신질환 • 자신의 건강 또는 안전이나 다른 사람에게 해를 끼칠 위험(보건복지부령으로 정함) • 위 세 가지 요건을 모두 갖추어야 함 〈보호의무자〉 • 보호자 2인 이상 신청 • 보호의무자 간 다툼이 있는 경우 선 순위자 2명 이상 신청 • 후견인 신청	• 상황이 매우 급박하여 다른 입원을 시킬 시간적 여유가 없을 때 누구든지 발견한 사람이 의사(정신건강의학과 전문의 일 필요 없음)와 경찰관 동의를 받아 응급 입원 의뢰 • 경찰관 또는 구급대원의 정신의료기관 호송 • 정신의료기관의 장의 응급입원환자에 대해 3일(공휴일 제외) 내 입원 가능	시·군·구청장, 특별자치시장·특별자치도지사에 의한 입원
입원 대상	정실 질환자 정신건강 상문제가 있는 사람	정신질환자	정신질환자	정신질환자로 추정되는 사람으로 자신의 건강 또는 안전이나 다른 사람에게 해를 끼칠 위험이 큰 사람	정신질환으로 자신의 건강 또는 안전이나 다른 사람에게 해를 끼칠 위험이 있다고 의심되는 사람

구분	자의 입원	동의 입원	보호자에 의한 입원	응급 입원	행정 입원
입원 절차	전문의 면담 → 자의입원 신청 → 입원 → 퇴원	전문의 면담 → 동의 입원 신청(보호자 동의) → 입원 → 보호자 동의 퇴원 또는 퇴원 거부(72시간) 입원 형태 전환	전문의 진단·입원 결정→보호 입원 신청→2주 이내 다른 정신과 전문의 추가 소견→입원 유지 또는 퇴원	응급 입원 의뢰 → 3일간 응급 입원(경찰 또는 구급대원 호송)→ 입원 필요성 → 입원 유지 또는 입원유형 전환(보호 입원 또는 행정 입원)	정신건강전문요원 또는 정신과 전문의의 신청→ 시·군·구청장의 진단 의뢰 → 정신과전문의진단 → 시·군·구청장의 입원 의뢰(2주, 지정정신의료기관) → 2명 이상 정신과 전문의 입원 필요성 진단 → 지방자치단체의 치료를 위한 계속 입원 의뢰 → 행정 입원(3개월)
퇴원 절차	본인 퇴원 신청할 때지체 없이 퇴원	• 퇴원 신청이 있는 경우 지체 없이 퇴원 • 예외적으로 동의 입원자가 보호의무자 동의 없이 퇴원 신청하는 경우, 치료와 보호 필요성이 있는 경우 72시간 퇴원 제한 가능 • 퇴원 제한시간 동안 보호 입원이나 행정 입원으로 전환 가능	정신의료기관(정신요양시설)의 장은 퇴원신청이 있는 경우 지체 없이 퇴원시키는 것이 원칙이지만, 보호 입원의 요건(입원 필요성+자타의 위험성)이 지속되고 있는 경우 퇴원 거부 가능 이 경우 환자 또는 보호의무자는 퇴원 등 심사청구 가능	• 자타의 위험, 입원 필요성이 없다고 정신건강의학과 전문의 소견이 있는 경우 즉시 퇴원 • 입원 후 3일 경과 할 때 퇴원(공휴일은 제외)	퇴원 가능 진단 시·군·구청은 입원 해제 사실 통지 → 지체 없이 퇴원
입원 확인	2개월마다 입원 의사 확인	2개월마다 동의 입원 확인	• 보호의무자 2명 이상 동의 • 입원 연장 청구(보호의무자 2명 이상 동의)할 때마다 2인이 전문의 진단 필요	자타의 위험, 입원 필요성이 있는 경우 3일 입원 기간 내에 보호 입원이나 행정 입원으로 전환 절차 진행	2명 이상 정신과 전문의 입원 필요성 진단

※ 응급입원의 경우를 제외하고는 정신건강의학과 전문의의 대면 진단에 의하지 아니하고 정신질환자를 정신의료기관 등에 입원 등을 시키거나 입원 등의 기간을 연장할 수 없다.

장애인 형제 "제가 돈을 버니까 너무 좋아요"

주공아파트 4층 계단에 오르자 소변 냄새가 진동했다. 철재 대문은 낡고 손잡이도 고장난 채 방치되어 있었다. 실내의 방바닥은 신발을 벗고 다니기가 거북할 정도로 더럽고 물건이 널려있었다. 욕실 문짝은 없고 변기와 세면대는 심하게 망가져 있으며 대소변 냄새가 났다. 부엌은 오랫동안 제대로 설거지를 하지 않아 그릇에는 때가 끼어 있었다. 베란다쪽 문은 없어서 찬바람이 들어왔다.

방안 도배는 찢어져 벽면이 보였고, 장판은 누더기 상태였다. 깔아놓은 이불에서는 퀴퀴한 냄새가 났다. 엉거주춤하며 신발을 벗고 들어갔지만 서 있거나 앉아서 상담하기가 불편하였다. 냄새가 옷에 배어 와서 숨쉬기조차 곤란하여 빨리 빠져나가고 싶은 심정이었다. 어느 기초생활보장수급자 가구에 처음으로 방문했을 때의 가정환경이다.

가구원 수는 4인으로 모두 장애인이었다. 스모선수처럼 상반신이 거구인 아내 김지원 씨가 어지럽게 더럽혀진 안방에 앉아 있었다. 40대 후반으로 지적장애인이고 거동이 불편하였다. 일주일에 2~4차례씩 119의 응급차에 실려 대학교병원의 응급실에서 치료를 받고 있었다.

큰아들 이하늘은 2017년에 고등학교를 갓 졸업하였다. 씨름선수같이 체격이 좋았다. 몸을 씻지 않고, 옷은 세탁하지 않아서 퀴퀴한 냄새가 풍겨왔다. 졸업 후 장애 때문에 취업을 하지 못한 채 집에서 놀고 있었다. 둘째 아들 이가을은 고등학교 2학년으로 학교에 가고 없었는데 형과 같은 지적장애가 있었다. 차후 만났는데 형보다 키도 크고 몸집도 통통하였으며 형처럼 냄새가 심하게 났다.

두 형제는 초등학교 때부터 지역사회투자서비스사업의 지적장애 프로그램 교육을 받고 있었다. 어머니의 유전자 때문인지 체구와 장애가 엇비슷하였다. 형제가 4층 집에서 쓰레기를 아파트 화단에 투기하여 관리사무소가 골머리를 앓고 있었다. 학교에서도 냄새가 심하여 친구들이 어울리기를 꺼렸다. 형제간에 자연스럽게 친구처럼 지냈지만, 대화는 거칠고 욕설이 난무했다.

남편 이봄 씨는 서너 차례 방문하였으나 쉽게 만나지 못했다. 40대 후반으로 아파트 관리사무소 전기사 직업을 실직 후, 반 노숙인 상태였다. 거리에서 배회하거나 구걸을 하여 돈이 생기면 술을 사 마셨다. 과음으로 의식을 잃으면 아무 곳에서나 쓰러져 잠을 잤고, 집 문밖 여기저기에 소변을 누었다. 집 안의 물건을 마구 파손하여 제대로 된 물건이 남아있지 않았다. 10여 년 전부터 이러한 생활이 반복되었고, 알코올 중독증으로 기억력이 오락가락하였으며 지체장애도 있었다.

이 가족의 욕구와 문제는 통합사례관리대상자라는 고난이도 분류대상을 넘어서 상상을 초월하였다. 우선 행복e음을 통하여 사회복지 보장 종류와 급여를 파악하였다. 급여 통장을 관리할 수 있는 가족원이 없다 보니까 생계급여와 수당이 며칠 만에 전액 지출되어 생계에 어려움을 겪어왔다.

우여곡절 끝에 현금출납부를 만들고 동 행정복지센터에서 관리하였다. 매주 금요일마다 두 형제가 1주일 동안 사용할 생활비 명세서를 가져오면 카드와 통장을 주어 은행에서 현금을 찾아왔다. 사용한 내용을 현금출납부에 기재토록 하여 통장의 생계비가 안정적으로 지출되기 시작했다. 개인별 장애연금 통장도 자동이체시켜서 한 통장으로 통합 후 수입과 지출을 체계적으로 관리해 나갔다. 이봄 씨의 사적 소득도 통합

관리계에 변경 신청하여 바로잡아 주고 생계급여를 더 받을 수 있도록 해주었다.

다음으로 개인별 욕구에 맞는 사회복지서비스 연계방안을 찾았다. 종전에 관리했던 사회복지공무원을 비롯한 민간 사회복지기관의 사회복지서비스, 현재 받는 복지서비스를 총체적으로 찾아서 분석하였다. 수많은 재가서비스, 봉사, 후원 금품 등 복지서비스가 시행되었지만 대부분 단기적이어서 1~3개월을 넘지 못했다. 통합사례관리도 1년 주기로 반복되었다. 이봄 씨 가족은 20년 넘게 주공아파트에서 생활해 왔다. 어려움에 처하자 이웃들이 처음에 딱한 속사정을 잘 알고서 따뜻하게 보살펴 주었다. 이제는 자신들을 해코지할까 봐 경계 대상이었고, 낙인찍혀 있었다. 복지행정과 이웃 관계를 풀기가 쉽지 않아 보였다.

1차적으로 열악한 주거환경개선을 위한 도배하기, 장판 깔기, 문짝 수선, 싱크대 교체, 변기 설치 등의 집수리사업을 시행했다. 장애인 돌봄서비스 파견과 함께 밑반찬 지원을 해주었다. 주공아파트 상가 내의 ○○마트에서 두 형제의 식사를 무료로 봉사해 주었다.

김지원 씨는 질환과 고도비만으로 방에서만 생활하였고 심정지 질환 때문에 응급후송으로 병원에 다니는 생활을 반복하고 있었다. 결국 첫 가정방문 후 1년 4개월 만에 심장마비로 사망을 하였다. 장례는 처가에서 치렀고, 남편 집안은 참여하지 않았다. 이봄 씨는 아내가 사망하였는지도 모른 채 거리를 배회하였다. 발인 날 퇴근길에 과일을 사 들고 집에 방문하였다. 두 형제가 방에 멍하니 앉아 있었고 어머니의 영정 사진이 책상 위에 놓여있었다. 친인척은 화장 후 바로 돌아갔다고 했다.

이봄 씨는 정신건강상담센터와 민간기관에 의뢰하여 상담을 몇 차례 했지만 신통치 않았다. 갈수록 알코올 질환이 심해지자 큰형, 큰누나,

두 아들과 상담을 통하여 정신병원에 입원시켰다. 첫 입원 때는 사회복지공무원이 찾아가는 보건복지서비스 상담차로 병원까지 안내해 주었다. 아버지가 정신병원에 입원한 후에도 매월 면회할 수 있도록 챙겨주었다. 병원에 입원해 있는 동안 병환이 심해져서 암 수술을 받았고, 요양병원에서 치료받던 중 2021년에 사망을 하였다.

이제 두 형제만 집에 남게 되었다. 큰아들 이하늘은 장애인작업장, 공장에 취업을 알선했지만 잘 적응하지 못하면서 이직을 반복하였다. 2019년에는 지역아동센터에서 사회복지도우미로 일을 했다. 마땅히 할 일이 없어서 무료하게 시간만 보내고 왔다고 한다. 그러던 차 2020년에 장애인종합복지관에서 장애인 도우미로 선발되어 ㅇㅇ마켓에서 일을 하게 되었다. 후원 물품을 운반하고, 저소득층 이용자에게 장바구니 안내 서비스를 하면서 일에 대한 재미와 보람을 느껴가고 있었다. "내가 일해서 돈을 벌 수 있어서 행복하다"라고 했다. 한번은 집에 친구가 찾아와서 생계비에 손을 대는 일이 생겼다. 핸드폰의 카드 서비스를 중단시켰고, 밤새 오락으로 통신비를 과다 지출할 수 없도록 차단하기도 했다.

둘째 아들 이가을도 2019년에 고등학교를 졸업하였는데 지적장애인이라서 취업이 쉽지 않았다. 다니는 교회에서 공장 일자리를 알선해 주었는데 첫 직장생활에 잘 적응하며 꾸준히 잘 다녔다. 형처럼 요령을 피우지 않고 아침 일찍부터 시내버스를 타고 출근을 하였다.

이 가족의 통합사례관리를 하면서 사회복지공무원이 하나에서 열까지 보호와 관리를 할 수 없었다. 전라북도발달장애인지원센터에 의뢰하여 6개월 과정을 거쳐서 법정 후견인을 선임해 주었다. 법정 후견인은 교회 집사가 맡게 되었는데 그분에게 사회복지 급여 통장을 전해 주었다.

이제 두 형제는 지역사회의 민·관 도움으로 자립 의지를 보이며 차츰 생활에 안정을 찾아갔다. 장애인 도우미와 공장 일을 하면서 벌은 돈 일부를 저축하였다. 후견인이 통장관리도 더 꼼꼼하게 잘해주었다.

동 행정복지센터에서 2년 동안 근무를 마치고 2019년 1월에 시청으로 발령받았다. 이 가족을 2년 동안 통합사례관리하면서 어려운 일들도 많았지만 내 자녀와 비슷한 나이였기에 더욱 관심을 쏟았는지도 모른다. 만약 이 가족의 통합사례관리를 1년 정도 유지하고 포기했으면 어떻게 되었을까?

그 후에도 이하늘은 가정일을 혼자 해결하기 어려우면 밤낮 휴일도 관계없이 아버지처럼 여긴다며 자주 전화와 문자를 보내왔다. ○○마켓에 장애인 도우미로 근무하면서 가끔 만나게 되었다. 마켓 물품 정리와 사회복지수급자 안내 일이 적성에 맞는 일자리라 하였다. 예전과는 전혀 다른 모습으로 활달해졌고 근무도 성실하게 했다.

“옛날처럼 핑계대지 않고, 계장님 힘들지 않도록 주의하겠습니다. 저를 위해 도와주셔서 감사합니다. 열심히 생활하고 적금도 넣고 있습니다.”

“계장님, 일 다녀왔습니다. 일 열심히 했습니다. 제가 마켓에 물건 몇 개 없어서 물건 찾아서 잘 정리했습니다.”

“계장님 컴퓨터 2대 기부하려고 합니다. 형편이 어려운 사람에게 도와주려고 합니다. 기부를 받나요?”

“계장님, 어디 아픈 데 없으시죠. 감기 조심하세요. 뉴스에서 보니까 불안하네요. 마스크 착용 잘하세요. 응원합니다.”

“제가 어른이 되었지만요, 제가 돈을 버니까 너무 좋아요.”

나 또한 가끔 농담을 던진다.

"이제 돈 좀 벌고 하면 계장님에게 밥 한 끼 좀 사줘 봐."
순진한 얼굴로 겸연쩍게 배시시 웃는다.

TV 〈구조 신호 시그널〉 최 할아버지

2018년 익산시 영등1동행정복지센터에 근무할 당시 저장강박증 최 할아버지 사례이다. 6월 어느 날 월요일에 출근하자 민원전화가 왔다. 빌라 위층 집에서 물이 새어 천장, 벽, 바닥이 더러운 물로 훼손되었다며 빨리 처리해달라고 했다.

바로 가정방문을 갔더니 최 할아버지가 문을 열어주었는데 노숙인보다 더 초췌한 모습이었다. 방안의 악취가 문밖으로 밀려와 숨 막힐 지경이었다. 입구부터 폐품이 산더미처럼 쌓여 있어서 신발을 벗고 도저히 들어갈 수가 없었다. 거실, 부엌, 방, 베란다 등에 폐품이 산더미처럼 쌓여 있었다. 방 안의 허름한 침대 하나가 생활공간 전부였다. 20여 년 동안 집 안과 빌라 주변 공터에 온갖 물건을 쌓아놓아서 주거환경이 매우 열악한 상황이었다.

김 통장에 따르면 최 할아버지는 이미 10년 전부터 음식물쓰레기통을 뒤져가며 걸식생활을 해왔다고 하였다. 기초연금도 통장에 고스란히 남아있었다. 한때 밭에 개를 사육하여 소음과 악취 때문에 민원도 많이 발생했다고 했다.

가족을 수소문하여 연락해 보았다. 이미 20년 전에 가족관계가 단절된 상태라면서 가정방문을 완강히 거부하였다. 전북서부노인보호전문기관에 노인학대 신고를 했다. 이 기관과 익산경찰서의 협조로 이산가족을 상봉케 하였다. 행정복지센터에서 전 부인과 아들을 만났다. 젊었을 때부터 집에 물건을 쌓아놓았고 물건에 손대면 폭력을 일삼았다고 한다. 자녀들이 성장하면서 자연스럽게 아버지와 별거하게 되었고, 자신들도 피해자라면서 부양에 대해서는 한사코 거부하였다. 장시간의 대화와 설득 끝에 폐품 청소와 노인요양시설 입소에 동의해 주었다.

통합사례 회의를 소집하여 주거환경개선사업 논의를 시작했다. 한시가 급한 만큼 민·관 관계 기관이 총출동하여 역할 분담을 했다. ㈜ 마한환경과 익산지역자활센터가 소독과 폐품 청소, 익산시주택문화창의센터가 도배하기·장판 깔기, (유) 금강공사가 쓰레기 운반, 영등1동 지역사회보장협의체가 자원봉사활동, 전북서부아동보호전문기관이 병원치료와 요양시설 입소 등으로 역할을 나누었다. 그 처리 절차는 다음과 같다. 민원제보 → 전북서부노인보호전문기관 신고 → 가족 상담 → 통합사례 회의 → 민·관 기관 협력·연계 → 청소·집수리 → 사후관리(병원 치료, 요양시설 입소 등) → 사회복지수급자 보장 순으로 한 달 보름 만에 전광석화처럼 진행되었다. 수십 년 동안의 해묵은 지역사회의 가정 문제를 민·관 협력과 가족의 협조 속에 단기간에 해결할 수 있었다.

당시 <익산시 영등1동, 저장강박증 독거노인 가정 내 폐품…민·관 협동 긴급 처리>라는 제목의 언론 기사는 다음과 같다.

> 익산시 영등1동지역사회보장협의체는 6월 26일과 27일 이틀에 걸쳐서 저장강박증 독거노인 가정에 20여 년 동안 쌓아놓은 폐품을 처리했다.
> 최 할아버지는 특별한 목적의식 없이 폐품을 모으는 저장강박증으로 수십 년 동안 가정에 페트병, 종이상자 등 온갖 잡동사니를 모아두었다.
> 주민 제보로 사회복지공무원이 가정방문을 했는데 문 입구부터 폐품으로 발 디딜 틈이 없었다. 온갖 벌레가 득실대고 악취가 심하여 사람이 거주하기 어려운 환경이었다. 노인에게 심각한 건

강위협과 화재가 발생할 때 큰 피해가 우려됐다. 이에 최 할아버지와 가족관계가 단절된 자녀를 찾아내어 설득한 끝에 사전 동의를 얻어 집수리사업에 나서게 됐다.

이날 익산지역자활센터와 사회적기업인 ㈜ 마한환경의 20명 직원은 쓰레기 청소와 방역을 시행했다. 익산시 청소자원과의 업무 협조를 받아서 (유) 금강공사에서는 집게 차를 투입하여 쓰레기 10t 정도를 거둬 갔다.

특히 장마철 궂은 날씨에도 불구하고 영등1동지역사회보장협의체와 복지통장으로 구성된 자원봉사자 14명이 구슬땀을 흘려가며 3층 건물에서 쓰레기를 운반하는 봉사활동을 했다. 영등1동행정복지센터에서는 익산시주택문화창의센터와 연계하여 긴급 도배하기·장판 깔기와 전등 수리 등 집수리사업도 시행할 계획이다.

현재 최 할아버지는 요양시설에 입소해 입원 치료를 받고 있으며 빠른 속도로 건강을 회복하고 있다. 영등1동행정복지센터 사회복지공무원은 가족과 상의하여 노인돌봄서비스를 다각적으로 지원하는 방안을 찾고 있다.

영등1동지역사회보장협의체 민간위원장은 "우리 동에서 발생한 긴급복지 문제를 관계 기관과 자원봉사자가 내 일처럼 참여하여 어려운 이웃을 돕고자 앞장서 주셔서 감사드린다"라며 "앞으로도 복지 위기가구를 더욱 발굴하여 민·관 협력 봉사에 최선을 다하겠다"라고 전했다.

저장강박증은 강박 장애의 일종으로 어떤 물건이든지 사용 여부와 관계없이 계속 저장하고, 그렇게 하지 않으면 불쾌하고 불편한 감정을 느끼는 증상을 말한다. 흔히 저장강박장애, 저장강박증후군 또는 강박적 저장증후군이라고 불리기도 한다.

이 환자의 특징은 악취가 나고 생활이 불편해도 폐품을 버리면 자신에게 대단히 큰 불행이 생길까 봐 견디지 못한다. 저장강박증 가구의 주거환경개선은 TV <구조 신호 시그널>의 대상자처럼 복합적인 가정문제를 안고 있어서 접근조차 쉽지 않다. 그렇다고 결코 외면할 수도 없다.

시·군·구와 읍·면·동 관계 기관은 물론 지역사회 주민·기관과 민·관 협력 지원 체계를 갖추고 뜻과 지혜를 모아서 함께 해결해 나가야 한다. 도저히 불가능할 것 같은 일들도 지역사회와 머리를 맞대고 힘을 합하면 의외로 쉽게 풀리기도 한다. 저장강박증 환자는 사전예방 치료와 함께 지속적인 사후관리가 중요하다.

혹자는 불쑥 한마디 한다. "치워주면 또다시 쌓아놓을 텐데 뭐 하러 치워주느냐"고. 그 주거환경 개선을 위해 수많은 사람의 노고뿐만 아니라 비용과 시간이 투입되기에 비효율적일 수도 있다. 하지만 저장강박증 환자가 그런 환경에서 화재의 위험에 노출되거나 굶어 죽거나 얼어 죽었다면 누가 책임져야 할까? 복지 사각지대의 위기 상황에 놓이고 생명에 위협을 느끼는 사회문제인 만큼 우리는 결코 한 생명도 간과하면 안 된다.

익산시 영등1동에 살어리랏다

익산시 영등1동행정복지센터에 찾아가는 보건복지서비스 추진을 위한 맞춤형복지계가 2016년 9월에 설치되었다. 이 계는 기본형 중 2유형으로서 맞춤형복지와 일반복지 업무를 통합하여 수행한다. 직원은 5명으로 계장 1명에 맞춤형복지 2명과 일반복지 2명이다. 이와 함께 민·관 협력 지역사회복지사업 추진을 위한 영등1동지역사회보장협의체는 그해 12월에 구성되었다. 위원은 공동위원장 2명을 비롯하여 18명으로 조직되었다.

이 두 기관에서는 2017년부터 지역사회복지사업을 본격적으로 추진하기 시작하였다. 그 계획을 4단계로 나누어 수립하였는데 <표 19>와 같다. 사업절차는 지역사회 복지조사 연구 → 사회복지대상자 실태조사 → 지역주민 교육·홍보 → 지역사회복지사업 순이다. 찾아가는 보건복지서비스 추진 전 자체적으로 수립한 계획이라서 정부의 마을복지계획과 다르다.

영등1동 지역사회복지사업 계획의 원칙은 다음과 같다. 첫째, <영등1동 지역사회 복지조사 계획 연구서>에 지역사회 기초조사, 주민 욕구조사, 지역 자원조사를 나누어 작성한다. 둘째, 사회복지대상자 실태조사 계획을 수립하여 2년간 단계적으로 방문조사를 한다. 셋째, 동민 복지 아카데미와 관계 기관과 연계한 복지교육을 한다. 넷째, 지역사회복지사업 홍보지를 제작하고, 누리집, 밴드 등에 공개하며 홍보한다. 다섯째, 지역사회복지사업은 주민참여, 업무협약, 민·관 협력을 바탕으로 연계하여 추진한다.

2년 동안 추진한 성적표는 과연 어느 정도일까. 먼저, 영등1동의 찾아가는 보건복지서비스 기본 확립을 위한 기초조사, 욕구조사, 자원조사를 하고자 <익산시 영등1동 지역사회 복지조사 계획 연구서>를 발간하였다. 동 지역의 역사·문화, 지역사회 특성, 지역 통계분석, 사회복지대상자, 자원체계 등 조사내용이 총망라되어 있다. 어린이에서 성인에 이르기까지 쉽게 이해할 수 있는 지역조사 편람이다.

둘째, 맞춤형복지계와 지역사회보장협의체, 통장협의회, 익산시노인종합복지관 등과 민·관 협력을 통하여 법정 저소득층, 위기가구, 독거노인, 경로당 등 실태조사를 시행했다. 조사는 4단계로 나누어 조사계획 수립 → 조사자 교육 → 조사 → 분석· 서비스 연계 순으로 진행되었다. 전체적으로 465가구 865명을 조사하였고, 181건의 공적 자원과 복지서비스 연계를 했다. 특히 복지 사각지대 또는 위기 상황에 부딪혀 있는 정신질환자, 알코올 환자, 저장강박증환자, 주거환경 개선자 등 긴급복지 서비스에 발 빠르게 대처해 왔다.

셋째, 동민 복지 아카데미를 2017년 9월에 4주 동안 155명(연인원 452명)이 참석한 가운데 8강좌를 실시했다. 그 내용은 마을복지공동체와 관련된 복지 상식 배우기, 동 역사문화 이해와 탐방, 지역사회 통계분석, 공감 토크, 나눔 콘서트 등이었다. 전국에서 현장경험과 전문지식이 풍부한 명강사를 초빙하였다. 낮에는 생업에 종사하기 때문에 대신 밤에 실시했는데 지역사회에 신선한 충격을 던져 주었다. 교육 이수자 중에서 희망자는 지역사회복지사업을 추진할 때 마을복지활동가로 참여시켰다. 교육교재도 제작하였고, 누리집을 통하여 주민에게 공유시켜 주었다. 분기별로 어린이집, 노인대학, 경로당 등 사회복지기관을 대상으로 가정폭력·성폭력 예방, 자원봉사활동, 복지서비스 안내 등 교육을 했다.

넷째, 지역사회복지사업을 동민에게 꾸준히 홍보했다. 2년간 보도자료 69회 작성과 언론 기사 304건, 누리집 191건, 밴드 243건, 사무실 알림판 등에 알렸다. 보도자료를 모아서 <영등1동 지역사회복지사업 보도자료집>을 제작하여 홍보에 홍보를 이어갔다. 다른 읍·면·동의 기관 견학이 잇달아서 홍보 자료도 만들었고, 기부자를 위한 사진 찍는 곳도 별도 마련했다. 2년 동안의 지역사회복지사업 실적을 정리하여 홍보 자료집인 <영등1동에 살어리랏다>를 제작하여 주민에게 전해드렸고, 인터넷 누리집에 공유시켜 주었다. 그 내용은 부록에 있다.

다섯째, 영등1동 지역사회복지사업 추진 원칙은 주민 실태조사와 욕구를 기본으로 하였고, 지역사회 자원연계를 위한 민·관 협력 체계를 밑바탕으로 했다. 사업마다 교육과 협약식을 체결하였고, 자원봉사자 조직을 만들었다. 총 4개 분야 17개 사업을 시행했는데, 세부 내용은 <표 20>과 같다. 다른 읍·면·동에 비하여 사업량이 많은 편이었다. 이는 사회복지공무원이 기획자·조정자 역할, 체계적인 민·관 협력과 역할 분담, 주민이 복지서비스 실천의 주체가 됨으로써 해결해 나갈 수 있었다.

여섯째, 영등1동 소라산 마을 축제를 개최하였다. 영등1동은 1990년대 초 형성된 신흥택지개발지구로 아파트 밀집 지역이다. 도시개발에서 소외된 일부 자연 마을은 빈민가를 형성하였다. 북·남 지역이 부익부 빈익빈의 뚜렷한 특성을 나타내고 있다.

이 축제 배경은 영등의 유래지인 소라산에서 동의 뿌리 찾기와 동민 공동체 의식을 회복시키고자 계획되었다. 주민이 주체가 되어 살기 좋은 마을을 만들고자 지역사회보장협의체에서 주관하였다. 2018년 첫 축제의 핵심 구호는 함께 참여하고 만들어 가는 공동체 축제, 도심 유일

자연공원 소라산을 누비는 자연 축제, 이웃과 함께 나누고 베푸는 축제, '어, 우리 동에도 이런 곳이 있었네'의 역사문화 축제로 꾸며졌다.

영등1동 지역사회복지사업의 이념은 사람 우선, 이웃과 나눔·배려, 온정이 살아 숨 쉬는 마을복지공동체였다. 사회복지공무원의 조력 속에 동민과 지역사회보장협의체가 주인이 되어 서로 손을 맞잡고서 마을복지공동체의 꽃을 피우고 땅속 깊이 뿌리를 내려 무럭무럭 자라나기를 기원한다.

〈표 19〉 영등1동 지역사회복지사업 단계별 추진계획

추진단계	사업내용
1단계 (지역사회 복지조사 연구)	• 기　간 : 2017. 2.~2017. 4. • 기　관 : 영등1동행정복지센터, 영등1동지역사회보장협의체 • 연구원 : 사회복지공무원, 지역사회보장협의체 위원 등 • 내　용 : 지역사회 기초조사, 주민 욕구조사, 지역 자원조사 등 • 방　법 : 자료분석 조사, 회의, 현장답사 등
⬇	
2단계 (사회복지대상자 실태조사)	• 기　간 : 2017. 4.~2018. 12. • 대　상 : 기초생활보장수급자, 차상위계층, 한부모가족, 위기가구 등 • 조사자 : 사회복지공무원, 협의체 위원, 복지통장, 사회복지종사자 등 • 내　용 : 생활실태, 가구원 욕구, 주거환경, 건강 상태 등 • 방　법 : 가정방문 조사
⬇	
3단계 (지역주민 교육 · 홍보)	• 영등1동 동민 복지아카데미 교육 – 기간 : 2017. 9. 5.~9. 26.(4주간), 1주 2강좌씩 8강좌 – 장소 : 이리천광교회 문화센터 – 대상 : 영등1동 동민, 사회복지종사자, 시민 – 인원 : 133명 – 내용 : 개강식 · 수료식, 복지강좌(6), 공감 토크(1), 콘서트(1) – 주최 : 영등1동지역사회보장협의체, 영등1동통장협의회, 영등1동 자율방범대, 영등1동주민자치위원회, 영등1동새마을부녀회 – 후원 : 전라북도사회복지공동모금회, 이리천광교회 • 관계 기관 회원 교육 : 자원봉사, 가정폭력 예방, 맞춤형복지 등 • 홍보 – 보도자료, 누리집, 통장 회의, 밴드, 감사장 등 – 홍보지 발간
⬇	
4단계 (지역사회복지 사업)	• 기간 : 2017. 4.~2019. 1. • 대상 : 법정 저소득층, 주민 등 • 기관 : 영등1동행정복지센터, 영등1동지역사회보장협의체 • 내용 : 복지 사각지대 발굴 · 조사, 지역자원발굴 · 연계, 지역안전망 구축 민 · 관 협력 복지, 복지교육 · 홍보 사업 • 방법 : 주민참여, 민 · 관 협력, 업무협약 등

〈표 20〉 2018년 영등1동 지역사회복지사업 현황

사업분야	사업명	사업 기간	사업유형	사업비 (만 원)
계	17개			2,530
복지 사각지대 발굴・조사	생활 밀착형 복지 사각지대 발굴・조사	연중	기존	비예산
	찾아가는 복지사랑방 상담실 운영	1~10월	기존	비예산
	사회복지수급자 2단계 가정방문 조사	연중	기존	비예산
지역자원발굴・서비스연계・지역안전망 구축	희망2018 나눔 모금 캠페인	연중	기존	비예산
	통합사례관리지원사업	연중	기존	420
	민・관 지역사회 복지안전망 연계체계 구축	연중	기존	비예산
민・관 협력 복지사업	저소득 독거노인 안전돌보미 사업	연중	기존	420
	영등1동새마을부녀회 밑반찬 나눔 봉사사업	연 6회	기존	240
	우체국 공익보험 저소득층 가입 지원사업	3월	기존	360
	경로당 보험가입, 주거환경개선 사업	4~6월	기존	후원금
	폐지 줍는 주민 결연 사업	연중	신규	80
	독거노인과 초등학생 자원봉사 연계사업	연중	신규	비예산
	동민 소라산 자연・문화기행	9월	신규	600
복지교육・홍보	지역사회복지사업 홍보지 제작・나눔홍보	2~4월	신규	100
	동 협의체 찾아가는 복지서비스 선진기관 견학	상반기	신규	130
	영등1동 동민 나눔의 날 행사	하반기	신규	80
	관계 기관 관계자・동민 맞춤형복지교육	연 2회	신규	100

지역사회복지 선진기관에서 배워요

선진기관 견학이란 발전이나 진보의 정도가 앞서는 지역을 찾아가서 실지로 보고 배우는 일을 일컫는다. 정부의 신규 복지정책이 도입되거나 지방자치단체에서 새로운 복지시책을 추진할 때 주로 선진기관 견학을 시행한다. 읍・면・동에서는 2016년 복지허브화 시행과 지역사회보장협의체가 설치되면서 선진기관 견학의 봇물이 터졌다. 종전에는 견학 대상자가 사회복지공무원 중심이었다면 이제 지역사회보장협의체 위원 중심으로 점차 변화되고 있다.

다른 읍・면・동에서 익산시 영등1동지역사회보장협의체에 방문한 견학 사례를 살펴보고자 한다. 2017년 1월에 발령을 받은 후, 1년 동안 지역사회복지사업을 지역사회복지 계획 수립 → 지역사회 실태조사(주민 욕구・자원 등) → 지역사회복지 주민교육・홍보 → 지역사회복지사업의 4단계로 나누어 진행하였다. 2018년부터 영등1동 지역사회복지사업의 체계를 잡아가면서 전국에서 기관 견학 문의가 쇄도하였다. 오는 사람 막지 않고 가는 사람 붙잡지 않는다는 평소 철학대로 함께 나누고자 방문을 모두 허용했다. 기관 견학 프로그램도 자체적으로 준비했다. 제목은 익산시 영등1동지역사회보장협의체 기관 견학・문화탐방 계획으로 정해 놓았다. 그 프로그램은 <표 21>과 같다.

〈표 21〉 익산시 영등1동지역사회보장협의체 기관 견학 · 문화탐방 계획

시간	내용	비고
8:00~10:00	이동	
10:00~12:00	영등1동행정복지센터 견학	강사 : 사회복지공무원
12:00~13:00	점심 식사	익산 식당
13:00~16:00	익산문화탐방 - 유네스코 세계유산, 미륵사지 - 익산보석박물관	 문화해설사 문화해설사
16:00	귀가	

기관방문 요청 전화가 오면 견학계획서를 메일로 보내준다. 계획서대로 방문한다고 하면 특별한 경우를 제외하고 승낙한다. 이 계획서에는 한 가지 다른 문화탐방 프로그램이 추가되어 있다.

그 이유는 첫째, 시 단위의 지역사회를 폭넓게 이해시키기 위함이다. 익산시와 영등1동은 하나의 지역사회로 연결되어 있다. 전체 지역사회 특성을 알면 부분적인 읍·면·동이 쉽게 보이는 법이다. 둘째, 지역경제 활성화에 있다. 점심 식사 장소인 식당을 추천해 주어 지역경제에 도움은 물론 방문객에게는 더욱 특별한 지역으로 기억될 수 있게 했다. 숙박을 원할 때는 불편함 없이 지낼 수 있도록 숙박업소도 추천해 주었다. 셋째, 견학 때에는 복지 강의를 무료로 해주었다. 1시간 안팎으로 맞춤형복지 사례 강의를 했는데 강사료는 없다. 넷째, 함께 나누며 관계를 맺고자 했다. 먼 곳에서 아침 일찍 찾아오고 때로는 시간 여건상 토요일에 방문하기도 한다. 다양한 견학자를 최대한 배려함으로써 지역사회에 돌아가서 그 희망의 복지 꽃을 피울 수 있도록 그 과정에 소홀함 없이 충실하게 준비했다.

2017~2018년 2년간 전국 20개소 읍·면·동에서 412명의 읍·면·동장과 사회복지공무원, 지역사회보장협의체 위원이 다녀갔다. 사회보장정보원의 공무원도 방문하였고, 행정안전부 주관의 찾아가는 복지서비스 사례발표도 했다.

견학 후, 떠나는 차를 향하여 손을 흔들며 인사를 할 때는 영등1동의 견학 사례가 민들레 홀씨 되어 날아가 다른 지역에도 꽃을 피웠으면 하는 소망을 가져보았다.

반면 견학 맞이에 따른 어려움도 있다. 방문 전에 동장과 지역사회보장협의체 민간위원장의 사전 승낙을 받아야 한다. 근무시간에 견학을 준비하다 보면 종종 업무가 밀려서 일과시간을 넘기기도 했다. 손님을 맞이하고자 견학자료, 홍보물, 음료수 등을 직접 준비해야 하는 수고로움도 있다. 사회복지공무원의 나눔과 배려정신이 없다면 쉽지 않은 일이다. 힘든 기색 없이 묵묵히 함께 참여해 준 동료 직원분께 다시 한번 감사를 드린다.

한편 영등1동지역사회보장협의체에서도 선진기관에 견학을 갔다. 견학 계획을 수립할 때 찾아오는 견학 계획과 동일하게 수립한다. 오전에 기관 견학, 오후에 문화탐방으로 나누어 실시했다.

지역사회의 역사문화 특성과 주민의 욕구와 문제는 복지라는 연계 고리 속에 상호 불가분의 관계를 맺고 있다. 복지견학도 지역사회의 복지문화로 정착시켜 나가야 한다. 보는 눈이 넓어지면 멀리 잘 보이는 셈이다. 복지견학은 둥지의 익숙함과 결별하고 새로운 것을 추구하는 창조의 여정이다.

다산초당 '복지문화탐방 1번지'

남쪽 해안가에 있는 강진은 유홍준의 『나의 문화유산 답사기』로 인해 '남도 답사 1번지'의 명성을 얻게 되었다. 그 열풍이 남녘을 뜨겁게 불태우던 1996년에 다산 정약용의 유배지인 다산초당에 첫발을 내디뎠다. 그 후 한동안 잊고 지내다가 2017년부터 복지문화탐방 인솔자로서 열 번을 넘게 다녀왔는데 주로 지역사회보장협의체 위원과 읍·면·동 사회복지공무원과 동행하였다.

대부분 1박 2일의 여정이었고 강진읍 사의재한옥체험관에 묵었다. 사의재는 1801년 다산의 첫 유배지인 동문 밖 주막집의 당호이며 그의 체취가 서려 있는 곳이다. 다산은 이후, 고성사 보은산방과 제자 이청의 집을 거쳐서 다산초당으로 옮겨가게 된다. 18년간(1801~1818년) 유배지를 네 번이나 옮겨 다녔는데 기구했던 그의 삶의 이력을 보여 준다.

다산초당은 본래 귤동 마을에 터 잡고 살던 귤림처사 윤단의 산정이었다. 그는 손자를 교육하기 위해 강진읍에 있는 정약용을 마을 뒷산 다산(茶山)의 정자로 초빙하였다. 비로소 마음 놓고 본격적인 연구와 저술에 몰두하고 제자를 가르치며 사색할 수 있는 마음의 여유를 가지게 된 것이다.

다산은 유배 중임에도 어떻게 행정, 법률, 역사, 농업, 시 등 500여 권의 방대한 책을 편찬할 수 있었을까? 먼저 종친과의 인연이 자리한다. 다산초당의 주인인 윤씨 가문은 다산의 외가인 해남 윤씨의 후손으로서 유배 생활 동안 다산의 의식주 문제를 해결해 주었다. 윤단이 한가롭게 책을 읽으며 지낸 다산 정자에 1천여 권의 책이 쌓여 있었다. 다산은 최

후의 유배지에 안착하여 안정적인 생활 속에 저술에 몰두할 수 있었다.

외가의 후덕도 한몫했다. 유배가 장기화되고 관아의 감시가 느슨해지면서 인근 해남 연동 마을 외가와도 교류하기 시작했다. 공재 윤두서가 외증조부인데 다산은 <공재 자화상>과 얼굴 모습이 닮았다고 전해진다. 다산은 스스로 말하기를 "나의 정기나 성분은 대부분 외가에서 물려받았다"라고 했다. 외가와 친분으로 고급서적을 볼 수 있어서 고차원적인 저술에 더욱 몰두할 수 있었다.

혜장 스님과의 만남도 빼놓을 수 없다. 다산초당의 이웃 만덕산 백련사의 혜장과 유불 학문 교유가 깊었다. 다산은 유학을 넘어서 불교 영역도 침착해 갔다. 다인(茶人)생활을 즐겼던 정약용은 '다산(茶山)'이라는 호를 써 차를 즐겨 마신 자신의 취향을 드러냈다. 다산은 제자 복 또한 있었다. 인근에서 몰려든 18인의 제자를 양성하였는데 그들이 책 편찬하는 데 심부름을 해주었다. 유배에서 풀려난 후 다산계를 조직하였고 그 제자들이 다산학의 맥을 이어갔다.

이처럼 강진 주변의 연고자들 덕분에 경제적, 학문적, 사상적인 토대를 갖출 수 있었다. 나무 한 그루, 풀 한 포기 병들지 않은 것이 없는 이 땅과 그 병의 근원을 깊이 들여다보았다. 다산은 젊었을 때는 물론 벼슬하던 번거로운 시절에도 늘 마음에 두었던 실학과 애민의 길을 묵묵히 걸어갔다. 그 결실로 오늘날 대표적인 1표 2서인 『경세유표』, 『목민심서』, 『흠흠신서』를 비롯한 방대한 저서와 실학사상을 민족 유산으로 남겼다. 이로써 다산초당은 실학사상의 산실이자 문화탐방의 요람이 된 셈이다.

다산의 위대한 개혁 사상은 저술뿐만 아니라 목민관으로서도 실천가의 면목을 엿볼 수 있게 한다. 정조의 신임과 총애를 한 몸에 받았던 다산은 수원 화성을 축조할 때 거중기를 발명하여 경비 절약은 물론 백성 부역의 노고를 덜어주었다. 암행어사 시절에는 “법의 적용은 임금의 측근부터 시작해야 한다”, “민생을 소중하게 여기고 국법을 존엄하게 해야 한다”라며 탐관오리를 준엄하게 치죄했다.

공직자의 성서인 『목민심서』는 그가 황해도 곡산 도호부사로 재직할 때 지방 관리들의 폐해를 없애고 지방행정의 쇄신을 위해 지은 책이다. 재물에 관해서는 초지일관 “무릇 재화를 비밀리에 숨겨두는 방법으로 남에게 시혜하는 것보다 더 좋은 게 없다”라며 “자기가 죽은 후 꽃다운 이름을 천년 뒤까지 남길 수도 있다”라고 했다. 그러면서 “꽉 쥐면 쥘수록 더욱 미끄러운 게 재물이니 재물이야말로 메기 같은 물고기라고나 할까?”라며 아들에게 보내는 편지에서 가르침을 주었다.

1836년 사후 ‘다산을 모르는 사람도 없고, 다산을 잘 아는 사람도 없다’라고 한다. 아는 만큼 보인다고 했던가. 다산학을 더 깊숙이 들여다보면 볼수록 사회복지 사상가이자 실천가로서도 참모습이 느껴진다. 특히 귤동 마을의 다산박물관에 마주 서면 실용적인 학문 추구와 애민 사상의 저서들이 실사구시이자 사회복지 사상의 보고라 아니할 수 없다.

역사는 현재를 비추는 거울이다. 현대의 복지 정신으로 이 사회를 구제할 길이 없다면 옛 다산정신을 돌아보고 되새김해 봐야 한다. 이제는 고전이 된 다산학에서 오늘 우리나라가 나아가야 할 복지길을 찾아보면 어떨까? 아무리 여러 번 들어도 실제로 한 번 보는 것보다는 못하다 했다. 복지문화탐방 1번지로 강진 땅 다산초당을 강력하게 추천한다. 그의 시 <내 의지를 밝히다>의 일부를 인용하면서 사회복지사가 다산 사상을 체득하여 공명정대하고 골고루 잘사는 나라를 만들어가길 희망한다.

슬프다, 우리나라 사람들
주머니 속에 갇혀서 사는 듯
삼면은 바다로 에워싸였고
북방은 높고 큰 산이 굽이쳐 있네.
사지 삭신 언제나 움츠려서
기상과 큰 뜻 어떻게 채워보리.
성현은 만 리 밖에 있는데
누가 이 몽매함 열어줄까.

성공적인 복지 홍보를 위한 보도자료 작성법

지역사회복지사업 홍보는 약방의 감초처럼 필수적이다. 홍보 방법에는 방송, 신문, 통신, 인터넷 등이 있다. 그중 가장 많은 홍보 매체 중 하나가 신문이다. 이를 위해서는 보도자료를 작성하여 언론사에 제공하여야 한다. 성공적인 지역사회복지사업 홍보를 위하여 보도자료 작성법에 대하여 알아보고자 한다.

보도자료란 언론매체에 보도를 요청하기 위해 작성하는 문서와 자료이다. 보도자료는 언론에 기사화하려는 목적으로 신문 기사체로 작성한 자료이기 때문에 보통 신문 기사 작성과 같은 방법으로 작성하면 된다. 보도자료 구성 요소는 크게 제목, 부제목, 리드, 본문, 연락처로 이루어진다.

1. 제목

제목은 기자가 보도자료를 기사화할지를 판단하는 중요 요소이다. 기사의 전체 내용을 짧게 함축하여 독자의 눈길을 끌 수 있도록 명료하고 논리적으로 써야 한다. 명쾌한 제목을 뽑으려면 전달하는 문구의 초점을 좁히는 것이 바람직하다.

2. 부제목

부제목은 제목을 보완해 기사의 핵심 내용을 요약한다. 제목에서 다루지 못한 단어를 선정해 메시지를 전달하고 기사의 방향을 제시해야 한다.

3. 리드(본문의 첫 문장으로 전체 뉴스를 대표할 수 있는 한 문장)

제목의 배경을 기사의 첫머리에 싣는 문장이다. 특히 리드는 내용을 함축해야 한다. 첫 문장에서 전체 윤곽을 잡아야 한다. 그래야 독자는 뉴스의 전체 내용에 대하여 파악하고 다음 문장을 읽을지를 결정한다.

4. 본문

본문은 육하원칙에 따라 신문 기사체로 작성한다. 기사 내용을 가장 효율적이며 설득력 있게 전달하는 흐름이다. 역피라미드 형식으로 작성한다. 중요 내용 제시 후 뒷받침 설명, 사례 등이 뒤따르는 구조이다. 가사의 신뢰성을 높이기 위해 기관의 대표자, 전문가 등의 말을 인용하면 좋다. 실명을 밝히고 기관장의 의견을 넣으면 언론인과 독자는 훨씬 내용에 신뢰가 쌓인다.

보도자료에서 가장 중요한 것은 뉴스 정보의 신뢰성이다. 광고 문구 스타일의 보도자료는 절대 금물이다. 작성할 때는 대중이 잘 사용하는 적절한 키워드를 넣어서 작성하는 것이 좋다. 기사의 주장을 뒷받침하는 인용, 데이터, 숫자 등의 자료가 포함되어야 한다. 본문 뒤에 해설이나 참고자료 또는 용어설명을 붙여주는 것이 좋다.

5. 연락처

보도자료에는 작성 담당자의 성명, 전화번호(또는 전자우편)를 명기해야 한다. 그래야 기자가 보도자료 내용을 확인하고 궁금한 것을 물어볼 수 있다.

이처럼 보도자료를 작성했으면 감수 작업을 해야 한다. 독자 관점에서 핵심 메시지가 제대로 전달되는지 전문을 크게 훑어본다. 문맥의 배열과 의미 전달을 확인한다. 단어, 맞춤법, 띄어쓰기, 오·탈자, 특수기호가 제대로 적합하게 사용되었는지 꼼꼼하게 살펴본다. 인터넷에서 <맞춤법 검사기>도 활용해 보도록 한다. 보도자료를 송고하기 전에 다른 사람에게도 검토를 받아보는 것도 좋겠다.

보도자료를 작성할 때 다음 주의사항을 고려하여 작성하면 더욱더 효과적이다.

1. 문어체보다 구어체로 작성해야 한다.

문어체는 글에서 주로 쓰는 말투이며 구어체는 일상적인 대화에서 주로 쓰는 말투이다. 독자는 딱딱한 문어체 제목보다 직설적인 구어체 제목에 더 관심을 기울인다.

2. 문장을 짧게 써야 한다.

보도자료를 작성할 때는 단문을 쓰는 것이 중요하다. 두 개의 내용을 하나의 문장에 담는 중문은 피해야 한다. 문장이 길어지면 가독성이 떨어져 독자의 집중도가 낮아지기 때문이다. 한 문장의 평균 글자 수가 50~60자 정도면 적당하다.

3. 전문 용어를 삼가야 한다.

난해한 전문 용어는 독자의 관심을 멀어지게 한다. 보도자료를 작성할 때 가장 유의해야 할 점은 작성자가 아닌 독자의 관점에서 글을 써야 한다는 것이다.

4. 핵심 내용을 정확히 표현하여 전달해야 한다.

보도자료는 핵심 내용이 무엇인지 명확하게 나타나 있어야 한다. 할 얘기가 아무리 많다 하더라도 이 가운데 무엇이 핵심 내용인지 분명히 하고 논리적 일관성이 있는 보도자료를 작성해야 한다.

예 ○○동 통장협의회는 올해 이웃돕기성금 1백만 원을 기부했다. → ○○동 통장협의회는 올해도 41명의 통장 전원이 이웃돕기성금 1백만 원을 기부했다.

5. 시의적절한 보도자료를 써야 한다.

보도자료를 쓰는 이유는 대중과 언론이 알아야 할 어떤 사건이 발생했기 때문이다. 사실의 전달도 중요하지만, 이 사건에 대해 왜 관심을 가져야 하는지에 대하여 충분히 설명해야 한다.

6. 조사를 확실히 하고 주술 관계를 확인해야 한다.

국내 최초, 세계 최초, 국내 유일, 아주 같이 지나치게 과장하지 않아야 한다. 이는 신뢰성을 약화시킨다. 과도한 수식어를 넣지 않아야 한다. 지면을 예상하고 비슷한 보도 기사를 찾아야 한다. 많이 읽고 비교해 보면 보는 안목도 높아진다.

7. 표, 그래프, 생생한 사진 등을 포함해야 한다.

표, 그래프, 사진 등은 기사의 이해도와 신뢰도, 간결성의 이미지로 사용하는 것으로 주목도를 높일 수 있다. 언어가 전달하지 못하는 색채와 분위기 등 미적 효과를 나타낼 수 있다. 특히 사진을 통해 현장을 생생하게 전달하는 것이 기사로 설명하는 것보다 시각적 효과가 있어서 좋다.

8. 글은 고칠수록 좋아진다.

처음부터 잘 쓰려고 애쓰지 말고 초안을 빨리 쓴 뒤 계속해서 고치는 것이 효과적인 보도자료 작성법이다. 단어와 표현, 배열 순서를 바꿔보고, 제목도 고쳐보자. 그러면 초안보다 훨씬 좋은 글이 된다. 글을 고치면서 간추리고 압축해 나가야 한다.

9. 보도자료는 한 장이 제일 좋다.

일반적으로 좋은 글은 짧을수록 좋다. A4용지 한 장 정도에 기사 내용을 담도록 해야 한다. 내용은 300단어 정도면 충분히 정리할 수 있다.

보도자료 사례

"이리신광교회 자원봉사자 … 미등록 경로당 주거환경개선 구슬땀 흘려"

이리신광교회 사회봉사국(○○○ 국장)은 지난 9월 23일과 24일에 익산시 영등1동의 송내 미등록 경로당에서 주거환경개선사업을 시행하였다.

이 경로당은 남녀 회원 35명이 이용하고 있는데 대부분 고령자이다. 평소 컨테이너에서 여가생활을 하다 보니까 여름에 덥고, 겨울에는 추워서 이용하는 데 불편을 겪어 왔다.

이 소식을 전해 들은 교회 자원봉사자 7명은 휴일도 반납한 채 집수리사업에 참여하였다. 이틀 동안 컨테이너 두 동의 내부 단열 처리와 도배, 장판 깔기, 차양 공사를 하였다. 자재비 3백만 원은 교회 신도가 후원해 준 성금으로 마련하였다.

신도들이 더운 날씨에 구슬땀을 흘리며 주거환경개선이 마무리되자 낡은 건물이 쾌적한 공간으로 재탄생되었다. 박 할머니는 "친구가 그리워서 매일 경로당에 찾아와 식사와 여가활동을 함께해 왔다"라면서 "더위와 추위를 피할 수 있도록 안전하게 집을 고쳐줘서 감사드린다"라며 얼굴에 연신 웃음을 지었다.

신광교회 ○○○ 목사는 "그동안 경로당을 이용하시는 어르신께서 이제는 무더위나 추위와 싸우지 않으셔도 될 것 같아 안심된다"라며 "앞으로도 환경이 열악한 미등록 경로당에 대하여 지속적인 지원을 아끼지 않겠다"라고 했다.

이에 ○○○ 영등1동장은 "우리 동에서 가장 열악한 송내 미등록 경로당이 교회 봉사단체의 도움으로 쾌적한 주거공간으로 탈바꿈되어 감사드린다"라고 전해 왔다.

이리신광교회 사회봉사국은 올해부터 공공기관의 손길이 미치지 못하는 미등록 경로당을 대상으로 주거환경개선사업을 확대 추진해 오고 있다. 지난 상반기에 마동과 영등1동 솔리 미등록 경로당의 주거환경개선에 이어서 이번에 세 번째 보수공사를 실시했다.

※ 연락처

기관명		영등1동행정복지센터	배포일자	2017. 9. 26.
담당	동 장	○○○-○○○○	대표전화	○○○-○○○○
	계 장	○○○-○○○○	팩 스	○○○-○○○○
	주무관	○○○-○○○○	전자우편	○○○○○○○

제4장
나는 대한민국 사회복지공무원이다

사회복지공무원의 뿌리를 찾아서

수구초심이란 여우가 죽을 때 언덕을 향해 머리를 두고 초심으로 돌아간다는 뜻으로 근본을 잊지 않음을 의미한다. 사회복지공무원의 시작은 언제부터일까? 사회복지공무원은 1987년에 최초 시범 사업에서 49명이 배치되기 시작하였다. 30여 년의 역사 속에 26,076명이 전국 특별시·광역시·도, 시·군·구, 읍·면·동에서 공공사회복지 행정업무를 수행하고 있다. 수구초심의 마음으로 사회복지공무원의 뿌리를 찾아보고자 한다.

사회복지공무원 제도의 역사는 크게 법적 근거, 인력 확대와 관리로 나누어 살펴보고자 한다.

첫째, 사회복지공무원 임용의 법적 근거 변천사이다. 1987년 사회복지전문요원(현 사회복지공무원) 시범 사업 시행 초기에는 법이 아닌 지침이나 고시의 근거밖에 없었다. 최초 법적 근거는 1991년에 보건사회부훈령(제622호)으로 제정한 사회복지전문요원의 직무 및 관리 운영에 관한 규정이다. 이 규정은 사회복지전문요원의 직무에 관한 사항과 배치·지도·관리에 관한 사항을 정함으로써 사회복지전문요원이 효율적으로 업무를 수행할 수 있도록 함을 목적으로 하고 있다. 사회복지전문요원의 직무를 구체적으로 명시함으로써 사회복지 전문인력의 전문 업무 수행의 기틀을 마련하였다. 2009년에 행정규칙으로서 실효성이 없어져 폐지되었다.

1992년에 개정된 지방공무원임용령에는 행정직군 속에 사회복지 직렬을 5급에서 9급까지 설치하였다. 1993년에 개정된 공무원임용령에는 행정직군 속에 사회복지 직렬을 5급에서 9급까지 설치함으로써 지방자치단체와 중앙의 사회복지 인력 전문화를 위한 제도적 기반을 확립하게 되었다. 사회복지공무원의 신규 임용 등에 관하여는 지방공무원임용령에 정하는 바에 따르게 되어 있다.

1993년에 사회복지사업법의 일부개정으로 사회복지전담공무원 조항이 신설되었다. 사회복지전문요원에서 사회복지전담공무원으로 명칭을 변경하였다. 1999년에 개정된 사회복지사업법 제14조를 보면 "사회복지사업에 관한 업무를 담당하게 하기 위하여 특별시 · 광역시 · 도, 시 · 군 · 구, 읍 · 면 · 동 또는 복지사무 전담 기구에 사회복지전담공무원을 둘 수 있다"라고 하였다. 자격 · 임용에 대해서는 "사회복지전담공무원은 사회복지사의 자격을 가진 자로 하며, 그 임용 등 기타 필요한 사항은 대통령령으로 정한다"라고 했다. 그러면서 직렬이 별정직에서 사회복지직 공무원으로 바뀌었다.

이후 2013년에 사회보장급여의 이용 · 제공 및 수급권자 발굴에 관한 법률 제정으로 그 법적 근거가 변경되었다. 주 내용은 업무가 복지사무소에서 사회보장 사무 중 사회복지 전문적 업무로 폭넓게 변경되었고, 교육훈련 조항이 신설되었다. 사회복지사업법의 사회복지전담공무원 조항은 2017년에 삭제되었다.

둘째, 사회복지공무원 인력 확대와 관리이다. 사회복지공무원은 1987년에 별정직 사회복지전문요원 49명을 서울특별시를 비롯한 5대 광역시(부산, 대구, 인천, 광주, 대전) 배치한 것이 최초의 시작이다. 연도별 사회복지공무원 정원은 <표 22>와 같다. 사회복지공무원의 인력충원은 역대 정권마다 차이가 있는데, 이는 새 정부가 출범하면서 새로운 복지정책 도입 여부에 따른 영향 때문이라 할 수 있다.

〈표 22〉 연도별 사회복지공무원 정원 현황

(단위 : 명)

연도	1987	1988	1990	1991	1992	1994	1999	2000	2001	2002
인원	49	47	228	1,676	481	519	1,200	600	644	1,700
누계	49	96	324	2,000	2,481	3,000	4,200	4,800	5,444	7,144
대통령	전두환 (1980.9.~ 1988.2.)	노태우(1988.2.~1993.2.)				김영삼 (1993.2. ~1998.2.)	김대중(1998.2.~2003.2.)			

연도	2004	2005	2006	2007	2008	2009	2010	2011	2012	2013
인원	15	2,761	190	405	191	1,564	△636	△464	2,120	1,410
누계	7,159	9,920	10,110	10,515	10,706	12,270	11,634	11,170	13,290	14,700
정부	노무현(2003.2.~2008.2.)				이명박(2008.2.~2013.2.)					

연도	2014	2015	2016	2017	2018	2019
인원	1,775	1,242	2,590	2,404.5	1,784.5	1,580
누계	16,475	17,717	20,307	22,711.5	24,496	26,076
정부	박근혜(2013.2.~2017.3.)			문재인(2017.5.~2022.5)		

사회복지공무원의 충원을 크게 4개 시기별로 나누어 살펴보면 <표 23>과 같다. 첫째, 별정직 사회복지전문요원 시기는 최초 배치된 1987년부터 1999년까지이다. 법적 근거가 미약하였고, 특별시・광역시・도마다 인력이 불규칙하게 충원되었다. 둘째, 국민기초생활보장제도 시행과 사회복지서비스 수당 확대 시기(2000~2007년)이다. 사회복지 인력이 집중적으로 충원되었고, 보육료 지원이 확대되면서 일부 확충되었다. 셋째, 희망복지지원단과 읍・면・동 주민센터로 전환 시기(2008~2015년)이다. 시・군・구 희망복지지원단 설치와 읍・면・동 사무소의 주민센터로 전환하면서 인력이 확대되었다. 끝으로 읍・면・동 복지허브화와 찾아가는 보건복지서비스 시기(2016~2019년)이다. 처음에 읍・면・

동 복지허브화에서 시작하여 찾아가는 보건복지서비스로 확대되면서 인력을 집중배치하였다.

〈표 23〉 시기별 사회복지공무원 충원 현황

시기별	기간	인원
계	32년	26,076명
별정직 사회복지전문요원 시기	1987~1999년	4,200명
국민기초생활보장제도 시행과 사회복지서비스 수당 확대 시기	2000~2007년	6,315명
희망복지지원단과 읍·면·동 주민센터 전환 시기	2008~2015년	7,202명
읍·면·동 복지허브화와 찾아가는 보건복지서비스 시기	2016~2019년	8,359명

이처럼 사회복지공무원은 1987년에 최초 49명 배치를 시작으로 2019년에 26,076명으로 성장하였다. 이는 지방공무원 중에서 행정직 공무원 다음으로 많은 숫자를 차지하고 있다. 사회복지공무원은 그동안 공무원이란 국민 봉사자와 사회복지사란 전문가로서 쌍두마차 역할을 해왔다. 공공 사회복지행정의 최일선에서 복지 파수꾼, 달동네 지킴이, 수호천사, 대변인 등 수많은 찬사 속에 주민과 애환을 함께 하였다. 오로지 대한민국 공공사회복지를 바로 세우기 위하여 불철주야 복지업무에 매진해 왔다.

한편 사회적 양극화와 사회문제에 따른 자살, 고독사, 학대, 폭력 등 복지 사각지대가 발생하면 사회복지공무원은 종종 여론의 도마 위에 오르내리기도 하였다. 복지예산과 업무량보다 한없이 부족한 인력과 과로와 심각한 스트레스로 사회복지공무원은 일방적으로 희생당해 왔다. 한국사회복지행정연구회의 상조회는 지난 15년(2005~2019년) 동안 450명의 4대 질환자와 사망자에게 7억 3천만 원의 상조금을 사회복지공무원에게 지급하였다. 업무재해 때문에 자살과 사망자도 68명에 이른다.

30여 년 동안 사회복지공무원의 양적 팽창에 따른 사회복지사와 공무원으로서 정체성 확립, 전문역량 강화에 관한 성찰과 사회복지공무원 인력체계의 제도 개선이 대내외적으로 강구되어야 한다.

한국사회복지행정연구회 변천사

한국사회복지행정연구회는 전국 사회복지공무원으로 구성된 조직으로서 1989년에 전국사회복지전문요원동우회로 창립을 하였다. 이 연구회를 설립한 목적은 ① 최초 공공복지행정 전문인력으로서 복지발전의 역사적 사명 완수, ② 복지정보 교류를 통한 지식 공유로 사회복지 전문가 자질함양, ③ 사회복지전달체계 구축을 위한 개척자로서 복지국가 실현에 있다. 이 연구회에는 26,076명의 사회복지공무원이 대부분 회원으로 가입되어 있다. 한국사회복지행정연구회 산하에는 특별시・광역시・도와 시・군・구 사회복지행정연구회가 활동하고 있다. 한국사회복지행정연구회의 30여 년 역사 속에서 그 활동 사항을 생성기와 성장기로 나누어 살펴보면 <표 24>와 같다.

〈표 24〉 한국사회복지행정연구회 30년 활동 사항

구분	연도	주요 성과
생성기	1986.9.	정부 국민복지증진대책 발표 : 6대 도시(서울, 부산, 대구, 인천, 광주, 대전) 저소득층 밀집 지역의 동사무소에 사회복지전문요원 배치(전국 96명 예산확보)
	1987.1.	제6차 경제사회발전 5개년 계획(1987~1991년) : 사회복지전문요원 배치
	1987.7.	사회복지전문요원 별정 7급 임용 배치
	1989.3.	전국 사회복지전문요원 최초 임용 교육(국립사회복지연수원)
	1989.3.	전국사회복지전문요원동우회 창립(창립회장 김진학)
	1989.4.	전국사회복지전문요원동우회 1대 회장 장용철
	1990.4.	전국사회복지전문요원동우회 2대 회장 장용철
	1991.4.	전국사회복지전문요원동우회 3대 회장 김진학

구분	연도	주요 성과
생성기	1991.7.	보건사회부 훈령 제622호 : 사회복지전문요원 직무 및 관리 운영에 관한 규정 제정. 사회복지전문요원 법적 근거 마련
	1991.9.	최초의 사회복지운동 전개 참여(1992년 : 사회복지예산 삭감 저지 투쟁)
	1991.12.	제1회 전국 사회복지전문요원 연찬회(주관 : 보건사회부)
	1991.12.	제1집 사회복지전문요원 활동 사례집 발간(보건사회부)
성장기	1992.7.	보건복지부 사회복지사업법 개정(1992.12.)·시행(1993.6.) 제10조 사회복지전담공무원 조항 신설 -시·군·구와 읍·면·동에 사회복지전담공무원을 둘 수 있다. -시·군·구에 복지사무 전담 기구 설치 조항 신설
	1992.9.	제2회 전국 사회복지전문요원 연찬회(주관 : 보건복지부) 사회복지전담공무원 임용 5주년 기념행사
	1992.12.	행정자치부 지방공무원임용령 개정(1992.12.26. 시행) 행정직군 사회복지 직렬 신설(사회복지 5~9급)
	1994.2.	생계급여 헌법소원 참여(우리나라 최초의 헌법소원)
	1994.4.	전국사회복지전문요원동우회 4대 회장 김진학
	1994.10.	노령수당 지급대상자 선정제외처분 취소 청구 소송 참여 (참여연대와 함께한 최초의 공익소송)
	1995.6.	행정쇄신위원회 사회복지전문요원 제도 개선 -사회복지직 전직 및 별정 6급(수석 전문요원)제도 결정
	1995.7.	보건복지사무소 시범 사업실시 -1995.7.~1999.12.(2년 연장 시행)
	1997.4.	전국사회복지전문요원동우회 5대 회장 김진학
	1997.9.	사회복지전담공무원 임용 10주년 기념행사
	1997.12.	김대중 대통령 선거공약, 100대 국정과제 -사회복지전문요원의 사회복지 직렬화와 단계적 확대 배치건의
	1998.3.	사회복지행정 정보연계 시스템 구축
	1998.4.	보건복지부에 사회복지사업 개정 건의 -시·군·구, 읍·면·동, 복지사무 전담 기구에 사회복지전담공무원 배치 -시·군·구, 읍·면·동에 복지사무 전담 기구 설치 -사회복지전담공무원 직무 상담, 사회복지기관 업무 협조
	1999.1.	국민기초생활보장법 제정을 위한 연대기구로 참여

구분	연도	주요 성과
성장기	1999.9.	보건복지부 사회복지사업 개정(1999.4.) 논의 –특별시·광역시·도, 시·군·구, 읍·면·동, 전담 기구 배치 건의 –국가가 사회복지전담공무원의 비용의 일부 또는 전부 부담 건의
	1999.9.	국민기초생활보장법 제정(2000.10. 시행)
	1999.10.	사회복지의 날 제정 건의(사회복지사업법 조항 신설 : 2000.1.12.)
	1999.12.	별정직 사회복지전문요원 → 일반직 사회복지공무원 전직(3,000명)과 강등(861명)
	2000.2.	전국사회복지행정연구회로 명칭 변경
	2000.4.	전국사회복지행정연구회 6대 회장 조기형
	2000.10.	사회복지전담공무원 사회복지사 자격증 대민수당 신설 건의
	2001.4.	전국사회복지행정연구회 7대 공동회장(중앙집행부 제도 도입)
	2002.7.	별정직 아동상담원, 여성상담원 사회복지직 전직(890명)
	2002.9.	사회복지전담공무원 임용 15주년 기념행사
	2002.12.	노무현 대통령 선거공약·12대 국정과제 –사회복지사무소 설치, 사회복지직 4급 건의
	2003.4.	전국사회복지행정연구회 8대 회장 김지영
	2004.7.	사회복지사무소 시범 사업실시(2004.7.~2006.7.)
	2005.1.	전국사회복지행정연구회 9대 회장 정문호
	2005.11.	전국사회복지행정연구회 국제교류사업 시작
	2006.9.	제1회 공공복지정책공모전 시작
	2007.9.	사회복지전담공무원 임용 20주년 기념행사
	2008.1.	전국사회복지행정연구회 10대 회장 김정길
	2008.9.	사회복지전담공무원 역량 강화 교육 시작
	2011.1.	전국사회복지행정연구회 11대 회장 선수경
	2011.1.	한국사회복지행정연구회로 명칭 변경
	2011.11.	한국사회복지행정연구회 제1회 해외연수 시작
	2012.9.	사회복지전담공무원 임용 25주년 기념행사
	2014.1.	한국사회복지행정연구회 12대 회장 양성근
	2017.1.	한국사회복지행정연구회 13대 회장 김정길
	2017.9.	사회복지전담공무원 임용 30주년 기념행사
	2020.1.	한국사회복지행정연구회 14대 회장 박영용

마술의 사과를 어떻게 전해 줄까?

어느 왕국의 임금에게 딸 하나가 있었다. 그 외동딸이 중병에 걸려 죽을 것만 같았다. 의사는 영약을 먹이지 않는 한 가망이 없다고 말했다. 임금은 자기 딸의 병을 고치는 사람은 사위로 삼고, 다음번 왕위에 오르게 하겠다는 포고를 했다.

한편 먼 시골에 세 형제가 살고 있었다. 어느 날 맏형이 망원경으로 그 포고문을 보았다. 그 사정을 딱하게 생각하여 셋이서 어떻게 해서든 공주의 병을 고쳐 주자고 상의했다. 둘째는 마술의 양탄자, 막내는 마술의 사과가 있었다. 양탄자는 아무리 먼 거리도 순식간에 타고 날아갈 수 있었고, 사과는 먹으면 어떤 병이라도 낳게 하는 영약이었다. 세 형제가 양탄자를 타고 왕궁에 도착하여, 사과를 공주에게 먹이자 공주의 병은 씻은 듯이 나았다.

모든 사람은 뛸 듯이 기뻐했고, 임금은 곧 연회를 열고 새로운 왕자를 발표하기로 했다. 맏형은 “만일 내가 망원경으로 포고문을 보지 않았더라면 우리 형제가 여기에 오지 못했다”라고 말했다. 둘째는 “만일 내 마술의 양탄자가 아니었더라면 이렇게 먼 곳까지 올 수가 없었다”라고 했다. 그러자 막내는 “만일 내 사과가 아니었더라면 공주의 병은 고치지 못했다”라고 했다.

만일 당신이 그 임금이라면 누구를 공주의 부마로 삼겠는가?

정답은 사과를 소유한 막내이다. 망원경을 가지고 있던 맏형은 망원경이 그대로 남아있고, 양탄자를 소유했던 둘째도 양탄자가 그대로 있었다. 하지만 사과를 가졌던 막내는 사과를 공주에게 주어 버렸기 때문에 아무것도 남지 않았다. 그는 공주를 위하여 자신이 가진 모든 것을 준 것이다. 『탈무드』에 의하면 무엇을 해줄 때는 모든 것을 그것에 바치는 것이 가장 귀중하다고 한다.

이 글을 우리나라 사회복지와 비교해 보고자 한다. 사회복지정책은 국가 차원의 거시적인 것으로서 국민의 삶의 질 향상을 위한 정책을 수립하기 위해 꼭 필요하다. 맏형의 망원경처럼 먼 곳과 가까운 곳을 두루 살필 수 있어야 하기 때문에 사회복지정책은 망원경에 비유할 수 있다.

이러한 정책이 수립되면 사회복지서비스가 사회복지 전달체계를 통하여 주민에게 신속 정확하게 전달되어야 한다. 둘째가 양탄자를 타고 빠르게 날아가 공주의 병환을 치유하듯 사회복지 전달체계는 양탄자에 비유할 수 있다. 사회복지정책과 사회복지 전달체계가 아무리 잘 갖추어져 있어도 최종적으로 읍·면·동 사회복지공무원을 통하여 사회복지 서비스가 올바르게 주민에게 지원되어야 한다.

막내가 마술 사과를 아낌없이 주어 공주의 병을 낫게 하였듯이 마술의 사과는 사회복지공무원의 사회복지서비스 실천에 비유할 수 있다. 최종적인 사회복지서비스의 전달은 바로 이들의 손에 달려있다. 구슬이 서 말이라도 꿰어야 보배이듯 말이다.

어느 고속버스에 타면 앞쪽 유리에 "○○고속의 최종 목적지는 고객 행복입니다"라는 글귀가 붙어있다. 공공사회복지 최일선에서 주민과 애환을 함께 하는 사회복지공무원의 최종 서비스 목적지도 주민의 행복이다. 음식점에서도 사장이 친절하고 주방장의 음식솜씨가 제 아무리 좋아도 종업원의 서비스가 불친절하면 손님이 확연히 줄어든다. 바로 서비스를 지원하는 데 있어서 공주와 약이 되는 사과처럼 사회복지공무원과 주민, 종업원과 손님의 접점에 있는 실천적 관계가 중요한 이유이다.

사회복지공무원이 이웃돕기 물품을 가정 방문하여 전달할 때 기부자 못지않게 직접 전해 주는 이들에게 고마움을 느끼는 것은 인지상정이다.

앞서 『탈무드』에서 무엇을 해줄 때는 모든 것을 그것에 바치는 것이 가장 귀중하다고 했다. 정부도 최일선 사회복지공무원이 주민에게 사회복지서비스를 맘껏 펼치고 따뜻한 마음을 잘 전해 줄 수 있도록 공주의 병을 고친 세 형제가 가진 물건의 의미를 결코 간과해서는 아니 될 것이다.

사회복지공무원의 지역사회복지 역할

사회복지공무원은 사회복지사이자 지방공무원이다. 두 가지 임무를 수행해야 한다. 사회복지공무원이 근무하는 기관은 대부분 시·군·구와 읍·면·동이다. 여기에서는 사회복지공무원이 지역사회복지의 목표인 주민의 삶의 질을 향상하기 위한 역할에 대하여 알아보고자 한다. 특히 읍·면·동에서 찾아가는 보건복지서비스 시행에 따른 지역사회에서 역할이 더욱 중요해졌다.

사회복지사와 공무원의 보편적인 역할과 지역사회복지 역할로 나누어 살펴보고자 한다. 먼저, 보편적인 역할은 <사회복지사 윤리강령>과 <공무원헌장>에 명시되어 있다.

첫째 <사회복지사 윤리강령> 전문은 다음과 같은데 사회복지사로서 해야 할 역할이 잘 나타나 있다.

"사회복지사는 인본주의·평등주의 사상에 기초하여, 모든 인간의 존엄성과 가치를 존중하고 천부의 자유권과 생존권의 보장 활동에 헌신한다. 특히 사회적·경제적 약자들의 편에 서서 사회정의와 평등·자유와 민주주의 가치를 실현하는 데 앞장선다. 도움을 필요로 하는 사람들의 사회적 지위와 기능을 향상시키기 위해 저들과 함께 일하며, 사회제도 개선과 관련된 제반 활동에 주도적으로 참여한다. 사회복지사는 개인의 주체성과 자기 결정권을 보장하는 데 최선을 다하고, 어떠한 여건에서도 개인이 부당하게 희생되는 일이 없도록 한다. 이러한 사명을 실천하기 위하여 전문적 지식과 기술을 개발하고, 사회적 가치를 실현하는 전문가로서의 능력과 품위를 유지하기 위해 노력한다. 이에 우리는 클라이언트・동료・기관 그리고, 지역사회와 전체 사회와 관련된 사회복지사의 행위와 활동을 판단・평가하며 인도하는 윤리기준을 다음과 같이 선언하고 이를 준수할 것을 다짐한다"

사회복지사 윤리기준은 ① 사회복지사의 기본적 윤리기준 : 전문가로서의 자세, 전문성 개발을 위한 노력, 경제적 이득에 대한 태도, ② 사회복지사의 클라이언트에 대한 윤리기준 : 클라이언트와의 관계, 동료의 클라이언트와의 관계, ③ 사회복지사의 동료에 대한 윤리기준 : 동료, 슈퍼바이저, ④ 사회복지사의 사회에 대한 윤리기준, ⑤ 사회복지사의 기관에 대한 윤리기준, ⑥ 사회복지윤리위원회의 구성과 운영의 여섯 가지로 구성되어 있다.

둘째 공무원의 역할 관련 <공무원헌장>은 다음과 같다.

"우리는 자랑스러운 대한민국의 공무원이다. 우리는 헌법이 지향하는 가치를 실현하며 국가에 헌신하고 국민에게 봉사한다. 우리는 국민의 안녕과 행복을 추구하고 조국의 평화 통일과 지속 가능한 발전에 기여한다. 이에 굳은 각오와 다짐으로 다음을 실천한다. 하나, 공익을 우선시하며 투명하고 공정하게 맡은 바 책임을 다한다. 둘, 창의성과 전문성을 바탕으로 업무를 적극적으로 수행한다. 셋, 우리 사회의 다양성을 존중하고 국민과 함께하는 민주 행정을 구현한다. 넷, 청렴을 생활화하고 규범과 건전한 상식에 따라 행동한다."

다음으로 사회복지사와 공무원의 지역사회복지 역할이다.

첫째, 계획가로서의 역할이다. 지역사회복지계획을 잘 수립하기 위해서는 지역사회의 전반적인 실정에 밝아야 한다. 지역사회의 정치, 경제, 사회, 문화, 교육 등에 평소 관심을 가져야 한다. 각종 지역 관련 통계자료를 활용하면 객관성을 담보할 수 있다. 계획에서 실행에 이르기까지

전 과정에 관한 전문지식을 갖추어야 한다.

둘째, 행정가로서의 역할이다. 사회복지 행정의 8대 과정은 기획, 조정, 인사, 지시, 조사 보고, 예산, 평가이다. 행정업무 수행을 위한 법·지침을 폭넓게 학습하고 이해해야 한다. 프로그램의 계획 활용과 설정한 목표를 효과적, 효율적으로 달성하려면 모든 인적·물적 자원을 적절히 관리해야 한다.

셋째, 조직가로서의 역할이다. 계획 수립과 실천과정에서 지역사회에 있는 행동 체계를 적절히 참여시켜야 한다. 주민이 교육, 역할 분담, 예산확보 등 그 역할을 잘 수행할 수 있도록 훈련할 기술이 있어야 한다. 지역사회 조직 특성과 성향을 파악하여 갈등 조정도 해나가야 한다. 조직 내에서 주민 간의 원만한 대인관계로 공동목표를 달성할 수 있어야 한다.

넷째, 실천가로서의 역할이다. 기본적으로는 찾아가는 방문상담과 통합사례관리를 위한 전문기술 습득과 사회복지서비스 지원에 충실해야 한다. 지역사회 문제에 적극적으로 참여하여 해결해 나가야 한다. 주민 편에 서서 지도력을 발휘하여 행동에 솔선수범해야 한다.

이처럼 사회복지공무원의 양쪽 어깨는 무겁다. 어쩌면 경력이 쌓여갈수록 더 어렵게 느껴질 수 있다. 사회복지공무원의 운명이다. 사회복지사는 전문지식과 기술, 전문적 서비스 발휘 능력이 크다. 공무원은 행정가로서 기획력과 추진력, 예산마련과 공공 신뢰성이 높다. 사회복지공무원은 두 장점을 잘 결합해서 지역사회에서 조직적, 체계적인 개입을 통해 주민의 삶의 질을 향상하기 위한 사회복지 지식과 기술을 활용하는 전문실천 방법을 부단하게 연구하며 개발해 나가야 한다.

사회복지공무원의 잃어버린 야성을 찾아서

일요일 오후 KBS1에서 <동물의 왕국>이 방영된다. 2004년부터 매주 황금시간에 가족의 눈을 사로잡고 있는 장수 다큐멘터리이다. 아프리카 대초원에서 펼쳐지는 동물의 일상생활, 약육강식과 적자생존의 장면을 현장 촬영과 해설로 풀어낸다. 특히 근접 거리에서 촬영한 동물의 질주 행렬, 먹이 사냥, 표정 등을 담은 영상은 현장성을 더해주고 있다.

2017년 한겨레신문에 <백두산 호랑이 금강은 왜 죽었나> 기사가 실렸다. 호랑이 금강은 한-중 우호 협력의 상징이 되어 암컷인 금송과 함께 2011년에 한국 땅을 밟았다. 국립백두대간수목원의 호랑이 숲에 살림을 차릴 계획이었다. 두 호랑이는 수목원이 만들어지는 동안 대전 오월드의 임시 거처에 살며 2015년 미호를 낳았다. 2015년 금송이 자궁축농증, 2016년 미호가 암으로 각각 숨진 데 이어 금강도 신부전에 의한 요독증으로 폐사했다.

금강은 동물원으로 옮겨지는 순간 야성은 무뎌지고 사람에 의해 사육된 채 생명을 연장해 왔다. 국가 간 우호 관계와 멸종 호랑이 보호라는 핑계로 들짐승을 동물원의 콘크리트 쇠창살 속에 감금했기 때문에 예견된 죽임이지 않았을까. 민족의 영산 백두산 산림을 누비던 호랑이가 죽는 것조차도 스스로 선택하지 못해 사람의 덫에 걸리고 말았다. 인간의 이기심과 인위적인 환경 조작이 부른 참극이라 할 수 있다. 날짐승은 날짐승대로, 들짐승은 들짐승대로 환경 여건에 맞게 자연 속에 보호될 수는 없을까.

<동물의 왕국>과 금강 기사를 접하면서 읍·면·동 공공복지 현장이 겹쳐져 떠올랐다. 동물의 야생무대 초원이 읍·면·동에서는 지역사회라 할 수 있다. 사회복지대상자의 맞춤형복지 추진을 위해서는 읍·면·동장 – 맞춤형복지계장 – 주무관이 삼위일체가 되어야 한다. 그간 경험에 비추어 보면 복지업무 수행 자체보다 조직원 관계 형성과 역할 조정이 어려웠다. 계장과 계원 간, 세대 간, 맞춤형과 일반복지 업무 간 등 복지 시각과 관점의 차이를 어떻게 극복할 수 있는가도 중요하다. 법, 지침도 중요하지만, 조직과의 틈새인 복지 사각지대도 결코 소홀히 할 수 없다. 사회단체 간의 알력과 갈등, 복지와 정치적인 함수관계 등 예상외의 변수도 돌출되기도 한다. 결국 사회복지공무원이 지역사회에서 민·관 협력을 어떻게 끌어내고 단체와 주민 간의 유기체적인 관계 속에서 지역사회복지를 증진해 나갈 것인가가 야성을 잃지 않는 첩경이라 할 수 있다.

고 노무현 대통령은 『진보의 미래』에서 "민주주의든 진보든 국민이 생각하고 행동하는 만큼만 가는 것 같습니다"라고 했다. 읍·면·동 찾아가는 보건복지서비스도 결국 최일선 현장의 사회복지공무원이 무슨 생각을 하고, 사회복지대상자에게 서비스를 어떻게 옮기느냐에 따라서 전진 또는 후퇴할 수도 있다. 읍·면·동에서 즐겁게 일에 전념할 수 있는 바탕은 전문화된 조직체계 확립과 명확한 보상체계가 뒤따를 때만이 가능하다고 여겨진다. 그래야만 악화가 양화를 구축하지 않게 된다.

아프리카 속담에 "한 아이를 키우기 위해서는 온 마을이 필요하다"라고 했다. 이에 비유해 보면 읍·면·동 찾아가는 복지서비스를 위해서는 보건복지부 – 특별시·광역시·도 – 시·군·구 – 읍·면·동이 사위일체가 되어야 한다. 아이가 없으면 마을이 필요 없다. 읍·면·동 찾아가는 복지서비스도 사회복지 전달체계가 한마음이 되지 않으면 그림의 떡일 뿐이다. 지역사회복지 정책과 실천체계의 일관성 유지가 필요하다.

백두산 호랑이는 밀림을 떠난 들짐승이 울안에서 길들여졌기 때문에 결국 죽었다. 사회복지공무원이 사회복지대상자 가정과 자꾸 멀어지고 사무실의 컴퓨터 앞에만 앉아 있으면 어떻게 될까. 시나브로 사회복지대상자 현장은 죽어갈 수밖에 없다. 불필요한 업무시간을 최소화하고 일주일에 정기적으로 찾아가서 상담하는 시간을 가져야 한다. 현장에 답이 있다. 이는 진리이다. 4차 산업혁명 사회에서도 살아남는 직업군 중 하나가 사회복지사라 한다. 복지 문제는 사람의 관계 속에서 풀어가기 위해서 존재한다.

읍·면·동 찾아가는 보건복지서비스 추진을 위해서는 민·관 협력에 기초하여 지역사회와 사회복지대상자를 조정·통합해야 하는 중심적인 위치에 있다. 읍·면·동이 자율성·전문성·책임성을 갖추어 자립하기 위해서는 중앙 – 특별시·광역시·도 – 시·군·구가 복지 현장을 현미경처럼 더 세밀하게 들여다보아야 한다. 현장 의견과 사회복지대상자의 목소리에 진지하게 경청해야 한다. 사회복지공무원이 최일선 복지 현장 지킴이로서 그 사명과 역할을 다할 수 있도록 제대로 된 진단과 처방이 뒤따라야겠다.

인간이 진화하는 동안 흙을 밟지 않으면서 병이 많아졌듯이 동물 또한 초원을 떠나면서 시름시름 앓고 있다. 읍·면·동 찾아가는 보건복지서비스도 현장을 잃지 말고, 복지 사각지대가 발생하지 않도록 부단히 찾아 나서야 한다.

호랑이가 숲에서 살 때 야성을 잃지 않듯 사회복지공무원도 사회복지

대상자와 부대낄 때 비로소 사회복지사의 따뜻한 본성과 열정이 강해지지 않을까? 호랑이는 죽어서 가죽을 남기듯 사회복지사는 떠나도 주민에게 아름다운 뒷모습을 남겼으면 한다.

사회복지공무원의 전문직위제 확대

공무원 전문직위제란 잦은 순환보직에 따른 전문성 부족 문제를 없애기 위해 공직 내 전문성이 필요한 직위에 적합한 인력을 발굴해 장기간 근무하게 하는 제도이다. 전문관 직위에 임용된 날로부터 3년 이내 전보 제한이 있다. 인사우대책으로 근무성적을 평정할 때 가점과 전문직위제 수당을 받는다.

『2017 읍・면・동 맞춤형복지 업무 매뉴얼』에 따르면 읍・면・동 맞춤형복지와 시・군・구 통합조사관리 업무 등에 대한 사회복지공무원 전문성 강화를 위해 전문직위제 활성화를 권장하고 있다. 전국 지방자치단체에서도 자체 실정에 맞게 인사제도를 시행하고 있다.

익산시의 경우 ＜전문 직위 전문관 등 선발 계획＞에 따라 공무원 전문성 발휘가 필요한 실・과・소에 대하여 전문직위제 15개 직위를 시행하고 있다. 사회복지 분야에서는 2018년에 당시 복지청소년과 서비스연계계 통합사례관리 업무 담당인 사회복지공무원이 최초 전문관으로 근무했다.

읍・면・동에서 찾아가는 보건복지서비스가 실시되면서 현장의 전문성 강화가 더욱 요구되고 있다. 이 서비스 시행 전에는 통합사례관리, 지역사회보장협의체 운영, 민・관 협력과 자원관리 등을 시・군・구청에서 주로 담당하였다. 이 서비스 시행 이후에는 읍・면・동 맞춤형복지계에서도 통합업무를 담당하게 되었다. 이에 걸맞게 시・군・구청의 맞춤형복지 업무 담당 공무원은 읍・면・동 찾아가는 보건복지서비스 추진을 위해서 기획부터 전문교육과 컨설팅, 업무조정은 물론 관리능력을 갖추어야 한다.

예를 들면, 시·군·구청 통합사례관리 담당 공무원의 경우 통합사례 대상자 초기상담에서 종결에 이르기까지 10단계 과정에 대한 지식과 기술, 행복e음 입력관리 방법에 대한 전문성을 갖추어야 한다. 종전에는 통합사례관리가 시·군·구청 희망복지지원단 통합사례관리사의 고유 영역이었다. 이제는 읍·면·동에서도 일반사례관리를 하고, 시·군·구에서는 읍·면·동에서 의뢰한 고난이도 사례관리를 해야 한다. 업무 영역과 관리 분야가 그만큼 넓어졌다.

시·군·구에서는 이러한 변화를 고려하지 않은 채 무분별하고 잦은 순환인사를 시행하여 업무 지속성과 전문성을 저해하고 있다. 잦은 순환보직과 비선호 업무에 대한 핑퐁 현상으로 비효율성과 행정력 낭비라는 악순환이 되풀이되고 있다.

한 연구 자료에 의하면 공무원 전문성 제약요인은 잦은 순환보직, 자율적 자기 계발, 교육훈련의 기회 부족, 직무 전문교육 훈련의 실효성 미흡, 승진 적체로 인한 전문성 향상 기회 부족, 각종 혜택 미흡 등이 제시되었다. 그 항목 중 잦은 인사이동이 23%로 가장 높게 나타났다.

읍·면·동 사회복지공무원의 업무 능력과 전문성의 편차가 있는 만큼 균형 있게 이끌어줄 수 있는 전문가가 필요하다. 시·군·구가 장기적이고 전문적인 인재 양성을 통하여 사회복지공무원에게 슈퍼비전을 지속해서 제공할 수 있도록 전문가의 양성이 필요하다. 보건복지부에서는 읍·면·동 맞춤형복지 인력만 확대할 것이 아니라 시·군·구 조직 개선방안에 대해서도 정책 방향을 제시하고 개선할 수 있도록 적극적인 개입이 요구된다.

주민의 사회적 욕구 다양화에 따른 사회복지 질적 향상에 대한 갈망도 높아져 가고 있다. 복지행정도 사회변화와 국민 눈높이에 발맞추기 위해서 사회복지공무원은 물론 일반 공무원의 전문성을 강화하기 위해 전문직위제를 확대해야 한다. 사회복지 분야별로 난이도별 전문 영역과 직급과 경력에 맞게 나눠 적합한 인력을 선발하여 배치해야 한다. 특히 통합사례관리업무의 경우 다른 사회복지업무에 비하여 전문성이 요구되는 만큼 경험과 경력이 풍부한 전문가를 지속해서 양성할 필요가 있다. 보건복지부에서도 전문직위제가 권고 수준이 아닌 의무적으로 확대 시행할 수 있도록 전문직위제 표준(안) 마련과 법제화가 필요하다. 한편 아동학대 문제 같은 특수 사회복지 분야의 전문화를 위한 민간 복지전문가도 개방형 공무원으로 채용할 수 있도록 하는 방안도 고려해볼 필요가 있다.

사회복지공무원의 전문교육을 어떻게 할 것인가?

지방공무원의 교육은 지방공무원법 제74조에 모든 공무원과 시보 공무원이 될 사람은 담당 직무와 관련된 학식·기술과 응용 능력을 배양하기 위하여 법령에서 정하는 바에 따라 훈련을 받아야 하며 훈련성적은 인사관리에 반영하여야 한다고 했다.

교육사항은 지방공무원 교육훈련 운영지침에 구체적으로 명시되어 있다. 교육훈련 시간의 승진반영제도를 운용하고 있는데 5급 이하 일반직 공무원의 직급별 연간 최저 교육 이수 시간은 80시간 이상이다. 구체적 의무이수 시간은 최저이수 시간을 준수하여 연 단위로 지방자치단체장이 결정하여 고시하게 되어있다. 전체 교육 이수 시간 중 교육훈련 부서 주관으로 민·관 교육훈련 기관에서 이수한 교육 실적이 30% 이상이 되어야 한다. 승진에 필요한 교육훈련 시간을 충족하지 못한 공무원은 승진심사 또는 승진시험 응시대상에서 제외된다. 교육훈련 인정 범위는 전문교육을 비롯한 기본교육, 기타 교육을 모두 교육훈련 실적으로 인정한다.

지방공무원 중 사회복지공무원이란 사회복지사 자격증을 소유한 자로서 사회복지 분야의 지방공무원 시험에 합격한 사람을 말한다. 사회복지공무원의 교육 이수 시간은 연간 80시간으로 일반 공무원과 같다.

사회복지공무원은 전문 직종이다. 사회복지전담공무원이란 특수명칭까지 생겨났다. 이 공무원의 전문성 함양과 역량 강화를 위한 전문교육은 어디에서 실시할까? 공공 교육기관의 경우 한국보건복지인력개발원과 특별시·광역시·도 지방공무원교육원이 있다. 한국보건복지인력개발원은 전국 사회복지공무원의 전문교육을 전담하고 있다. 전국 사회복지공무원 26,076명의 사회복지 전문교육을 소화하기에는 교육과정이 역부족하다. 특별시·광역시·도 지방공무원교육원은 대부분 일반 사회복지 교육과정만 운영한다. 일부 사회복지 전문교육 과정을 운영하고 있지만 대부분 직무교육에 한정되어 있다.

사회복지공무원이 주민의 다양한 욕구와 사회문제 대처, 중앙부서의 360여 개 복지시책, 지방자치단체 복지사업 6천여 개를 시행하기 위해서는 이에 걸맞은 직무능력 향상을 위해 전문교육이 요구된다. 최근 6년(2014~2019년) 동안 사회복지공무원 11,376명이 채용되었다. 대부분 제대로 된 직무교육을 받지 못하고 읍·면·동 찾아가는 보건복지서비스를 수행하고 있다. 학부 전공자가 갈수록 감소하면서 사회복지 기초적인 지식·기술이 약한 것도 간과할 수 없다. 경력자도 관리자 – 중간관리자 – 담당자의 직급에 맞는 전문 교육과정이 없고, 직급과 상관없이 통합 운영되고 있다.

정부에서는 최일선 공공복지 현장의 부족한 전문인력을 충원하는 것도 중요하지만 기존 사회복지공무원의 전문교육 관리도 외면할 수 없다. 이제 양적 확대와 더불어 질적 관리도 중요해졌다. 시·군·구에서는 단순한 기본교육 이외에는 교육인프라가 갖추어져 있지 않아서 손을 쓸 수 없는 실정이다.

이처럼 정부의 사회복지공무원 교육에 관한 근본적인 체질 개선이 필요하다. 몇 가지 대안을 제시하고자 한다.

첫째, 한국보건복지인력개발원과 지방공무원교육원의 사회복지 교육이 역할 분담 되어야 한다. 한국보건복지인력개발원은 사회복지 전문교육을 전담하여야 한다. 사회복지공무원의 직급과 경력에 맞는 지식, 기술 교육을 더욱 전문화해야 한다. 사회복지 직무교육은 특별시·광역시·도 지방공무원교육원이 맡아야 한다. 특별시·광역시·도 단위에서는 사회복지 직무 관련 교육과정을 통일적으로 개설하여 운영할 필요가 있다. 현재 이 두 교육기관의 교육과정이 중복되어 있거나 아예 개설되지 않아서 교육을 받지 못하는 사회복지공무원도 있다. 그 편차 없애기와 역할 분담을 통한 통일적·체계적 교육과정이 요청된다. 사회복지 전문역량 강화를 통한 전문성 향상은 시대적인 주민의 요구이다.

둘째, 사회복지공무원 표준교육 프로그램을 연구 개발하여 보급하여야 한다. 사회복지공무원의 계급과 경력에 맞는 표준화된 교육 지침이 있어야 한다. 보건복지부에서는 통일된 전문교육 지침을 개발하여 그 기준에 적합한 교육이 시행될 수 있도록 해야 한다. 그 전문교육 지침에 맞는 전문 강사 확보와 사회복지 현장의 인재 양성을 통하여 체계적으로 관리할 수 있도록 해야 한다. 예를 들면, 찾아가는 보건복지서비스 실천사례 강의라 하더라도 지역사회복지사업에 관한 이론 지식이 부족하거나 강사가 경험한 주관에 따라서 그 내용이 교육생에게 전혀 다르게 전달될 수도 있다. 전국 주민이 균등한 보건복지서비스를 제대로 받게 하려면 교육 질적 향상과 균형 있는 수준 유지가 필요하다.

셋째, 사회복지공무원 보수교육을 법제화시켜야 한다. 지방공무원의 연간 교육 이수 시간은 연 80시간이다. 사회복지공무원은 전문직임에도 불구하고 사회복지 분야 교육 이수 시간은 명시되어 있지 않다. 이는 사회복지공무원 5개 시험과목 중 사회복지학개론이 선택과목인 것도 문제시되고 있다. 역설적으로 사회복지공무원이 전문직이 아니라면 굳이 사회복지사 자격증 소유자만 제한경쟁을 시킬 필요가 있을까. 전문자격 부실과 교육 수준의 미흡은 사회복지공무원이 임용 후에도 업무수행에 있어서 지식과 기술, 인성과 가치를 하향화시킬 우려가 있다.

한편 민간 사회복지시설에 종사하는 사회복지사는 사회복지사업법 제13조에 따라 연간 보수교육 이수 평점은 8평 점 이상 의무적으로 교육을 받도록 법제화되어 있다. 사회복지공무원은 일반 공무원처럼 연 80시간만 이수하면 된다. 사회복지교육이 비의무화되어 있다.

예로부터 교육은 백년대계라 했다. 백 년 후까지의 큰 계획이라는 뜻으로 앞일을 미리 준비하여 방법이나 절차를 세우는 것을 말한다. 사회복지공무원의 교육이 바로 서야 최일선 공공복지 현장의 서비스가 주민에게 잘 전해질 수 있다. 교육 없이는 진보도 없다.

전라북도 최초 사회복지 전문교육 과정 신설

전라북도인재개발원(이하 전인원)에 2020년 최초로 사회복지 전문교육인 찾아가는 맞춤형복지 과정이 신설되었다. 이 교육목적은 행정안전부·보건복지부 주관의 주민자치형 공공서비스 구축사업 시행에 따라 최일선 읍·면·동의 찾아가는 맞춤형 보건복지서비스로 개편에 맞추어 전문교육을 통해 사회복지공무원의 직무능력을 향상하는 데 있다.

교육기간은 총 4회이고 1회 차에 3일씩 운영한다. 교육대상은 전라북도 내 7급 이하 사회복지공무원이며 1회 차에 30명씩 총 120명이다. 교육장소는 전인원이고, 교육 주관은 전라북도 사회복지과에서 맡고 있다.

교과운영은 직무와 소양 분야 8과목 21시간이다. 교육내용은 행정안전부의 찾아가는 보건복지서비스, 보건복지부의 지역사회복지 정책을 비롯한 맞춤형복지 사례, 민간자원 발굴과 활용사례, 통합사례관리, 현장학습 등이다.

전인원에 찾아가는 맞춤형복지 전문 교육과정이 어떻게 신설되었을까? 여기에는 숨은 뒷이야기가 있다.

필자는 전라북도사회복지행정연구회(이하 전사연)의 회장으로서 2019년 5월에 전라북도의회 국주영은 행정자치위원장께 전사연 교육과정에 사회복지 전문교육 신설을 건의하였다. 전라북도 사회복지공무원이 1,400여 명인데 제대로 된 전문교육 과정이 없었기 때문이다. 사회복지 실무과목이 있었지만, 그 대상이 일반 공무원도 포함되어 있었다. 그 교육내용도 일반적 수준의 내용으로서 전문성과 약간 동떨어져 있었다.

한편 찾아가는 보건복지서비스 업무는 경력자도 처음 접해 보는 복지업무라서 무척 생소하다. 업무 자체가 난해하여 누구나 기피하는 실정이었다. 제대로 된 교육 없이 업무 혼란방지와 체계를 확립할 수 있는 그 어떤 수단이 없었다.

전라북도의회 국주영은 의원께서는 전인원 원장에게 바로 전화를 하여 그 교육 필요성을 요청했다. 정부 복지정책의 다변화와 수요가 급증함에 따라 일선 현장에 종사하는 사회복지공무원들에게 필요한 교육이 이루어질 수 있도록 곧바로 개선을 요구하였다. 구체적인 교육 관련 내용은 전사연 회장한테 의견을 수렴하라고까지 못을 박아 주었다.

전인원에서는 왜 공무원이 행정절차를 무시하고 의원님께 먼저 교육과정 의견을 제시했느냐며 책망도 들었다. 수십 년간 전라북도 관련 부서에 사회복지 전문교육의 필요성에 대하여 의견을 제시하였지만 반영되지 않아서 어쩔 수 없이 의원님께 부탁하게 되었다고 변명 아닌 변명을 하였다.

전인원은 교육 신설 과정에서 공무원 전체 교육과정을 운영하는 기관인 관계로 전문교육에 관해서는 전라북도 사회복지과와 협의를 하였다. 필자에게도 전화가 와서 사회복지 전문교육 과정이 왜 필요한지에 관한 교육 개선방안 자료를 보냈다. 전인원의 과장을 만나서 교육 신설에 관해 사회복지공무원의 입장도 전해드렸다.

그 후, 2019년 8월에 전라북도 읍·면·동에 근무하는 사회복지공무원을 대상으로 교육 수요조사를 시행했다. 교육 일수에 대하여 1일, 3일, 5일 중 다수가 3일 교육을 선호하여 결정되었다. 10월에 3일간의 교육과목이 마련되어 시범 교육을 하였다. 필자도 회장으로서 교육생 모집, 강사 섭외, 현장학습 기관 견학 등에 적극적으로 참여하였다.

전라북도가 찾아가는 맞춤형복지 교육예산 3,600만 원을 확보하였다. 2020년 1회차 교육 시행을 앞두고, 전라북도에서 전사연에 읍·면·동 복지 현장의 교육에 맞는 강사 섭외 요청이 왔다. 전인원이 전라북도 외곽인 남원시에 위치하여 교통과 접근성이 좋지 않고 강사료도 낮았다. 전국에서 우수 강사를 모시는 데 열악한 조건이었다. 이 교육과정에 전라북도 사회복지공무원의 교육 염원이 담겨 있었다. 회장으로서 누구보다 먼저 발 벗고 나설 수밖에 없었다. 인맥을 활용하여 전국 최우수 강사를 섭외해 주었다. 강사는 중앙부서, 시·군·구 또는 읍·면·동에 근무하는 이론과 현장경험을 겸비한 사회복지공무원 중심으로 철저히 초빙되었다.

첫 교육 후, 교육생의 평가 결과를 보니까 대체로 만족도가 90% 이상 나타났다. 첫 단추가 잘 꿰인 만큼 일단 한숨을 돌렸다. 교육의 질을 높이는 데 우수 강사를 얼마나 잘 확보하느냐에 달려있음을 알 수 있었다. 일부 부족한 것은 전사연 시·군 회장과 함께 사회복지공무원 강사 양성과 읍·면·동 현장학습 기관을 발굴해 나가기로 했다.

이 교육이 전사연의 염원으로 최초 신설된 사회복지 전문교육인 만큼 전라북도 사회복지과와 전인원이 함께 힘을 모아서 사회복지공무원의 전문역량 강화와 복지정보 교환을 위한 플랫폼이 될 수 있도록 사회복지공무원이 육성해 나갔으면 한다.

코로나19, 징비록

코로나19는 2019년 연말에 중국 우한에서 처음으로 발생하였다. 전 세계로 확산한 호흡기 감염질환이다. 창살 없는 교도소와 총성 없는 전쟁을 방불케 했다. 2020년 전대미문의 사회재난 속에 잃어버린 봄, 빼앗긴 봄의 계절이었다. 오는 듯 가는 듯 소리 없이 훌쩍 떠나갔다.

감염병 초기 정부는 마스크 대란, 대구 종교집단 감염 대처 미흡 등 우왕좌왕했다. 그 후 방역과 선별검사, 마스크 보급, 응급진료센터, 사회재난지원금 지원, 전수조사, 사회적 거리 두기 등으로 체계적인 재난에 대응하면서 안정을 찾아갔다. K방역이 세계적인 방역 모범국가로 인정받게 이르렀다. 국민은 대한민국을 자랑스러워했고, 해외유학생이 역귀국하는 진풍경이 벌어졌다.

아직 코로나19가 완전히 종식되지 않았다. 어느 정도 생활 방역이 정착된 만큼 이제 정부와 지방자치단체는 사회재난 후속대책도 마련해야 할 듯하다. 바둑 대국이 끝나면 복기를 통해서 승패 원인을 분석하듯이 말이다.

먼저, 재난 사회안전망의 대대적 정비를 새롭게 구축해야 한다.

코로나19 사회재난은 우리나라 사회안전망의 민낯을 고스란히 드러냈다. 사회재난의 장기화로 실직, 휴폐업, 가족해체 등이 발생하였지만 사회보험과 공공부조가 스펀지처럼 흡수하지 못했다. 특히 복지 사각지대에 놓여있는 비정규직, 비임금근로자, 소외계층 등 정확한 통계자료도 없었다. 재난지원책을 둘러싼 지방자치단체의 재난기본소득과 정부의 재난지원금이 선별지급과 보편지급 방식에서 오락가락하며 우후죽순 지급되었다. 주민이 주소를 옮기는 과정에서 지방자치단체마다 지급 기준일이 상이하여 받지 못하는 사례도 속출했다. 일부 국민은 경제적으로 어렵지 않은데 왜 재난지원금을 받아야 하는지 의아해했다. 사회재난에 따른 경제정책이라고 했지만, 그 짐은 고스란히 복지행정에서 지게 되었다. 정부도 국민도 재난과 복지의 경계가 모호했다.

위기는 기회라 했다. 사회보장정책도 바로 세웠으면 한다. 1차 사회안전망인 고용보험의 전 국민 확대, 2차인 재난지원금의 전국 통일기준 지침 마련, 3차 최후 안전망인 긴급복지제도의 현실에 맞게 탄력적으로 적용되어야 한다. 1~3차 사회안전망이 촘촘히 연계될 수 있도록 복지행정의 사각지대가 발생하지 않도록 제도적 보완책이 뒤따라야 한다.

둘째, 재난 관련 법과 조례를 총체적으로 재정비해야 한다.

코로나19 이전 재난 대처는 자연재난의 피해 복구와 보상에 집중되었다. 사회재난은 화재, 붕괴, 사고 등 일부에 치우쳐 있었다. 감염병의 전국 확산에 따른 재난 대책은 전무후무했다. 코로나19는 명백한 사회재난이다. 천재가 아닌 인재이다. 자연재해처럼 일시적인 현상이 아니라 장기간 지속되면서 국민을 공포와 불안 속에 내몰고 있다. 생업과 일상생활에 제약을 받으며 생계 곤란자가 속출하였고 국가 경제는 침체하였다.

사회재난 관련 재난 및 안전관리 기본법이 있지만 제대로 작동되지 못했다. 재해구호법도 구호종류, 구호기준, 구호대상 등이 매우 제한적이다. 누구나 처음 겪는 감염병 재난이라서 그때그때 상황에 맞추어 대처해 왔다. 이제는 사회재난에 관한 법·조례를 전국 통일화시켜야 한다. 재난지원금 명칭도 국민 혼란방지와 단순 복지지원의 오명에서 탈피시키기 위해 법적 정의를 명확히 해야 한다. 재난에 따른 생계가 곤란한 복지 사각지대 계층의 생계지원 대책도 입법화시켜야 한다. 사회복지공동모금회법에 따라 재난 금품을 분배할 때 신속하게 지급될 수 있도록 지급 절차를 간소화시켜야 한다.

셋째, 재난 행정체계를 새롭게 마련해야 한다.

우리나라의 재난 행정체계는 중앙정부의 경우 행정안전부에서 총괄하고 있다. 특별시·광역시·도와 시·군·구는 재난 관련 과에서 맡고 있다. 방역과 의료는 질병관리본부와 보건소에서 수행해 왔다. 코로나19와 관련한 사회재난 업무는 재난 행정체계 내에서 시행되어 왔다.

그런데 전주시가 2020년 3월에 전국 최초 재난기본소득 지원을 발표하였다. 이후 전국 지방자치단체로 확산하면서 업무 담당을 둘러싼 갈등이 불거져 나왔다. 소득 기준을 적용한 선별지원 방식이건 주민 누구나 평등하게 지급하는 보편지원 방식이건 대부분 사회복지 업무로 떠넘겼다. 재난이 복지로 둔갑하였다.

정부의 1차 재난지원금도 처음에 건강보험료 기준을 적용한 국민 70%에서 전 국민으로 확대되면서도 그 업무는 대부분 사회복지과에 책임이 전가되었다. 재난지원금 담당 과가 중구난방이면서 행정 갈등과 떠넘기기로 행정력 낭비가 초래되었다. 이 피해는 고스란히 국민에게 돌아갔다. 사상 유례없고 신속히 대처해야 하는 사회재난이라서 그럴 수도 있다. 이제 재난 행정체계의 대수술을 통한 사업단 구성·운영과 정교한 지침을 마련해야 한다.

끝으로 코로나19 관련 징비록이 대중화되어야 한다.

조선 선조 때 유성룡은 임진왜란 기록인 『징비록』을 저술하였다. 이 책명은 『시경』의 "내 지난 일을 징계하여 뒷날에 근심이 있을까 삼간다"에서 인용했다. 임진왜란 중에 일어난 일을 회고하고, 방비하여 훗날에는 이런 낭패스러운 일이 없도록 미리 조심한다는 데 그 의미가 있다.

유비무환이라 했다. 우리나라는 역사적으로 930여 회의 외침을 당했다. 국민은 국난에 처했을 때 뭉치는 힘이 강했다. 위기에 강한 유전인자를 타고났다. 그러한 국민정신이 코로나19도 슬기롭게 이겨 나가는 원동력이 되었다. 재난의 후환을 없애기 위해 사후 대응 방안도 견고하게 마련해 놓아야 한다. '코로나19 징비록'이 정치, 경제, 사회, 문화, 교육, 복지 등 다양한 분야에 대중화되어야 한다. 우리나라는 물론 전 세계 국가가 연대와 공존할 수 있는 사회재난 대응 조직을 창조해 나가야 한다.

제5장

늘 처음처럼

용지면, 사회복지공무원으로 키워준 8할의 복지 현장

2017년 1월에 익산시 영등1동행정복지센터 맞춤형복지계장으로 인사발령을 받았다. 8년 만에 최일선 현장에서 후배 공무원과 자연스럽게 마주하며 공무원 초년시절 나의 모습이 새록새록 떠올랐다.

"호랑이 굴에 들어가야 호랑이를 잡는다"

1993년 12월에 김제시 용지면에 사회복지공무원으로 첫 발령을 받았을 때 마음속으로 한 각오였다. 대학교를 갓 졸업하여 피 끓는 젊은 패기가 있었다. 당시 용지면에는 생활보호자(현 기초생활보장수급자)가 760가구 1,760명이었다. 한센인과 실향민 정착촌이 각각 3개 농원이나 밀집된 특수 농촌이었다. 젊어서 고생은 사서도 한다고 했는데 잘 왔다 싶었다. 그 누구도 관심조차 없었던 사회복지 불모지에서 10년 8개월간 장수하였다.

그 후 폭주하는 공공복지업무 속에서도 풍부한 현장경험을 바탕으로 틈틈이 전공 서적 발간, 대학교 겸임 조교수, 사회복지 강의, 한국사회복지행정연구회와 전북사회복지사협회 임원, 사회복지실습지도, 보건복지부 자문위원 등 다양한 복지연구와 활동을 해왔다. 대학 동창을 가끔 만나면 "너는 대학교 때나 지금이나 생각이 하나도 변하지 않았다"라고 한다. 그런 뒤 "역시 채수훈답다"라고 한마디씩 거든다. 돌이켜 보건대 나를 오늘날 사회복지공무원으로 키워준 것은 8할이 용지면이라 자신 있게 말할 수 있다.

공무원 초년시절이 엊그제 같은데 어느새 27년이란 세월이 흘렀다. 후배 공무원을 마주하면서 세대 차이가 자연스럽게 느껴졌다. 초창기

좌충우돌했던 모습도 떠올랐다. 이끌어 줄 선배 공무원이 없어서 맨땅에 부딪히는 격이었다. 지금은 그때보다 인력이 증가하였고 업무도 분업화되고 체계화되었다. 인력과 업무량이 확대된 만큼 조직 강화가 중요한 과제로 떠올랐다. 새내기 공무원의 경험 부족과 개인주의 성향 강화로 조직 내 직원 간의 불협화음을 종종 일으켜 이를 지켜보는 선배 공무원의 안타까운 마음으로 이 글을 쓰게 되었다.

이 글은 크게 네 가지 특성인 사회 관계성, 가치관·윤리성, 전문성·기술성, 도전정신으로 나누어져 있다. 새내기 공무원이 대다수 근무하는 읍·면·동 복지 현장 중심으로 기술하였고 사례가 곁들여 있다. 선배 사회복지공무원의 수많은 경험과 실패 속에서 깨달은 산지식이다. 후배 공무원이 걸어가는 긴 여정에 이정표가 되길 희망해 본다. 그럼 이야기 속으로 한번 들어가 보자.

사회적 관계를 잘 맺고 유지하자

사회복지 출발, 인사가 절반이다

언제인가부터 공직사회에 부모님과 함께하는 신규 공무원 임용식이 부쩍 늘어나고 있다. 이와 별도로 시·군·구 사회복지행정연구회에서도 새내기 공무원 환영식을 개최하기도 한다. 새내기 공무원과 가족이 시·군·구청장과 함께 서로 인사하면서 임용장을 받는 모습이 무척 부럽다. 은근슬쩍 첫 임용 당시가 떠올랐다. 1993년 12월에 김제시 내무과로부터 갑작스러운 전화 연락을 받고서 얼떨결에 임용장을 받으러 갔다. 다음 날 근무지인 용지면사무소에 아침 일찍 출근했다. 총무계장에게 인사하니까 인사발령 소식을 모르고 있었다. 그 당시와 지금 비교하면 격세지감이 느껴진다. 새내기에게 예의를 차려서 축하해 주는 것이 공직사회의 아름다운 새 문화로 정착된 것 같아 기쁜 마음이었다.

그렇다면 갓 발령 후 어떻게 하면 공무원 생활에 잘 적응할 수 있을까? 인사만 잘해도 절반의 성공을 거둔다. 공무원 조직은 피라미드형 계급사회로 다분히 권위적인 구조이다. 유교문화 영향으로 장유유서 의식이 조직 생활 속에 스며있다. 인사는 당연히 아랫사람이 윗사람에게 먼저 해야 한다는 인식이 강하다. 어찌 보면 먼저 보는 사람이 인사를 건네는 것이 당연한 것처럼 보이지만 조직의 질서는 절대 그렇지 않다. 갑을관계이기에 상하 질서를 결코 간과할 수 없다.

사무실에 출근하면 문을 열면서 큰소리로 '안녕하세요!'라고 하면서 인사하는 직원, 읍·면·동장(또는 과장)에게 먼저 인사하는 직원, 형식상 인사하는 직원, 인사 없이 자리에 앉는 직원 등 각양각색이다. 옷깃만 스쳐도 인연이라 했다. 언제 어디서 누구와 근무할지 모르니까 평소 호감을 느낄 수 있도록 이미지를 잘 관리하는 것도 자기관리의 첫걸음이다.

복도에서 만나도 그렇다. 공무원증을 패용하지 않으면 서로 직원인지 모르기 때문에 무심코 지나칠 수 있다. 자주 얼굴을 접하면 먼저 가볍게 인사하는 것도 좋을 듯하다. 시청에 발령받아 인사 때문에 곤욕을 치른 적이 있다. 고향 선배 공무원은 나의 얼굴과 이름을 알고 있었다고 한다. 마주쳤을 때 먼저 인사할 줄 알았는데 아는 체하지 않았다고 다른 직원에게 오랫동안 험담했다고 들었다. 개인적으로는 전혀 일면식이 없었다. 그 후 향우회에 참가했을 때 선배라는 것을 처음 알게 되었지만 이미 물은 엎질러진 뒤였다.

공무원 전화친절도 조사를 정기적으로 한다. 평소 친절이란 단어가 익숙하지 않으면 인사하는 말투도 다분히 딱딱해질 수밖에 없다. 오래전 어양동행정복지센터에 근무할 때 일이다. 민원인이 찾아오면 유독 한 직원에게만 자주 소리 높여 민원을 제기하곤 했다. 이유인즉 인사성도 없을 뿐 아니라 말투도 억양이 높아서 처음 듣는 사람에게는 쌀쌀맞게 대한다는 느낌 때문이었다. 우리 속담에 "웃는 얼굴에 침 못 뱉는다"라고 하였다. 친절의 기본은 먼저 인사를 주고받음에서 시작한다. 이는 고객인 사회복지수급자에게도 마찬가지이다.

흔히 행복은 성적순이 아니라고 한다. 공무원 임용 성적도 합격을 위한 하나의 결과물일 뿐 그 이상도 이하도 아니다. 기본적인 실력도 중요하지만 사람 됨됨이가 먼저이다. 특히 시·군·구는 연고주의 때문에 직원과 안면 관계가 중요하다. 조직 생활 동안 기본예절을 지키는 것은 고리타분한 관습이 결코 아니다. 인사는 돈을 들이지 않고서 자신의 평

판을 쌓을 수 있는 소중한 무형의 자산임을 잊지 말자. 예나 지금이나 인사가 만사다.

사회복지수급자와 관계 형성을 어떻게 할 것인가?

사회복지공무원의 담당 업무는 크게 공공부조, 사회복지서비스와 일반복지로 나뉜다. 그 대상은 대부분 법정 저소득층과 사회복지서비스 대상자이다. 이 대상자는 대부분 선별적 조사방식에 의하여 일정 소득 인정액 미만인 계층으로 이루어져 있다. 사회복지공무원은 사회복지수급자와 신청·상담에서 지원·관리에 이르기까지 마치 바늘과 실처럼 뗄 수 없는 관계를 맺고 있다. 직장에서 사회복지수급자와 마주하는 시간이 대부분을 차지한다. 60세 정년까지 관계를 잘 유지해야 한다. 사회복지수급자를 내 가족처럼 여기고 좋은 인연을 맺어야 직장 생활이 행복해지지 않을까.

초임 시절 첫 방문 가정은 소년소녀가장이었다. 마을 초입 오두막 단칸방에서 장애인 아버지와 초등학교에 다니는 딸이 생활하고 있었다. 어느 겨울철 방안의 문을 여는 순간 악취가 진동하여 숨이 턱 막힐 것 같았다. 우여곡절 끝에 생계비 통장을 직접 관리하며 지속적인 복지서비스 지원을 시행하였다. 그 집과 얼굴 모습이 지금도 눈에 선하다.

이를 시작으로 면 지역 760가구 생활보호자의 방문조사를 하였다. 200여 가구가 넘는 한센인촌도 예외 없이 찾아다녔다. 그전에 방문조사 자체가 없었기에 오히려 방문 자체를 난감해했다. 찾아오는 민원과 업무처리 때문에 오후 늦게 주로 가정방문을 다녔다. 늦은 밤까지 조사하다가 숙직실에서 잠을 자기도 했다. 대상자의 집, 성명과 얼굴을 알아가는 데 무려 5년이란 시간이 걸렸다. 실전에서 수많은 상담 경험을 한

덕분에 반 관상쟁이가 되어갔다.

가정방문 조사를 통하여 선정기준에 부적합한 부정 수급자 800여 명을 보호 중지했다. 생활보호자와 주민들의 반발이 거세었고 1년 365일 민원이 끊이지 않았다. 군사정권 30여 년간의 영세민제도를 누군가는 한 번쯤 정리해야 할 행정혁신이었다.

그 후부터 생활보호자 선정에 공정성을 띠기 시작하면서 안정화되었다. 사회복지공무원의 역할에 관하여 비로소 주민 인식 전환이 시작되었다. 당시 생활보호자를 비롯한 면장, 직원, 이장, 새마을지도자, 부녀회원, 주민으로부터 사회복지사의 존재 가치를 비로소 인정받기에 이르렀다. 그러면서 지역사회 단체 · 주민과 함께 다양한 지역사회복지사업(이웃돕기 일일 찻집과 성금 모금 운동, 소년소녀가장결연사업, 생활보호자 집수리사업과 취로사업, 저소득층 찾아가는 달걀 · 돼지고기 후원사업, 양곡 배달서비스, 사회복지서비스 안내자료 발간, 대학생 사회복지실습 등)을 하나둘씩 펼칠 수 있었다.

그러면 사회복지공무원과 사회복지수급자의 관계 형성에 중요한 요소는 무엇이 있을까.

첫째, 직접 찾아가서 자주 만나야 한다.

사무실 책상 위에 놓인 행복e음이나 공적 서류에만 의존해서는 안 된다. 전산 자료는 만능이 아니다. 업무가 많아서 출장이 어렵다고 할 수 있다. 그래도 틈새 시간을 활용하여 사회복지수급자를 자주 찾는 습관을 길러야 한다. 옛 속담에 "열 길 물속은 알아도 한 길 사람의 속은 모른다"라고 했다. 당사자를 찾아가서 여쭙고 경청하다 보면 그 마음을 분명코 헤아려 해결방안을 찾을 수 있다. 발품 파는 수고로움 없이 어찌 사람 마음을 움직일 수 있을까.

둘째, 사회복지수급자와 눈높이가 중요하다.

한마디로 수직적 관계가 아닌 수평적인 관계여야 한다. 사회복지수급자가 사무실에 상담 시 찾아오면 공무원은 컴퓨터 앞에서 정보를 확인하느라 의자에 앉아 있고 사회복지수급자는 공무원의 얼굴이 잘 보이지 않기 때문에 서 있는 때도 종종 있다. 특히 노인이 방문했을 때 손자 손녀 같은 젊은 직원이 그런 모습을 하고 있으면 누가 봐도 민망스럽다. 상대방의 입장을 고려한 상담과 복지서비스를 지원함으로써 불편하지 않도록 신경써야 한다. 따뜻한 마음을 먼저 내밀어 줄 때 감동 서비스가 된다.

셋째, 배려의 마음이 있어야 한다.

배려란 여러 가지로 마음을 써서 보살피고 도와주는 것이다. 사회복지사는 사회적 약자에 대한 기본적인 배려의 마음가짐이 중요하다. 필자도 지금까지 사회복지수급자와 상담하고 전화 통화를 하면서 참으로 많은 실수를 저질러 왔다. 옛 속담에 "말 한마디에 천 냥 빚을 갚는다"라고 했다. 오고 가는 말속에서 무심코 던진 말 한마디가 당사자에게는 비수가 되어 꽂힐 수도 있다. 사회복지공무원은 사회복지사로서 오는 말이 곱지 않더라도 적극적으로 경청하며 이해하는 자세와 공감할 수 있도록 해야 한다.

지역사회 – 주민, 관계망을 어떻게 형성해 갈 것인가?

2018년부터 찾아가는 복지서비스가 전국 읍·면·동에 전면 확대되었다. 이 업무 추진을 위하여 맞춤형복지계가 신설되었다. 핵심 업무에는 찾아가는 상담을 비롯하여 복지 사각지대 발굴, 민·관 협력 활성화, 통합사례관리가 있다. 종전 사회복지대상자의 행정복지센터 방문에서 사회복지공무원이 가정에 직접 찾아가는 보건복지서비스로 전환을 꾀하고 있다. 그러면서 자연스럽게 사회복지공무원의 지역사회－주민과의 관계 형성이 무엇보다 중요해졌다. 공공 간, 민·관 간, 협력관계를 새롭게 정립할 과제도 떠안게 되었다.

찾아가는 보건복지서비스 업무 확대로 새내기 공무원이 계속 충원되고 있다. 이 업무는 새내기 공무원한테 만만치 않은 업무이다. 보건복지부가 맞춤형복지계에 경력자를 우선 배치토록 권장하고 있을 정도다. 읍·면·동은 인력 부족으로 찬밥 더운밥 가릴 수 있는 형편이 못 된다. 누구나 업무를 맡으면 수행할 수밖에 없다. 힘들더라도 사회복지공무원으로서 사명감을 가지고 기초부터 하나씩 차근히 배워 나가야 한다. 왜 그 자리에 앉아 있는지 깊이 생각해야 한다.

복지 현장은 주민의 욕구와 사회문제로 변화무쌍하다. 이에 능동적으로 대처하기 위해서는 지역사회에서 주민과의 관계망 형성이 필수적이다. 주민과 손잡고 나아가야 한다. 어떻게 실천해 나갈지 몇 가지 대안을 제시하고자 한다.

첫째, 지역사회 복지조사를 시행해야 한다.

기초자치단체인 시·군·구 － 읍·면·동 － 통·리는 지역사회 단위로 연결되어 있다. 그 규모에 따라서 대·중·소로 나눌 수 있다. 그 지역의 특성을 파악하기 위해서는 가장 먼저 지역사회 복지조사를 시행해야 한다. 이 조사에는 크게 기초조사, 욕구조사, 자원조사가 있다. 기초조사란 읍·면·동의 지형·기후, 역사·문화, 일반통계, 사회복지통계 등 기본적인 자료 수집·정리, 분석·도출 등을 통해서 지역사회를 파악하는 것이다. 욕구조사는 사회복지대상자를 포함한 주민의 가정방문하여 실태 파악을 함으로써 그 바탕하에 지역사회복지사업의 기본

틀을 세우는 작업이라 할 수 있다. 지역마다 사회복지대상자의 편차에 따라서 조사 기간이 다른 만큼 그 실정에 맞게 계획을 수립하여 실시해야 한다. 자원조사는 인·물적, 유·무형의 자원을 총체적으로 파악하여 이를 지역사회사업의 기본 자원으로 활용할 수 있도록 자원망을 구축해야 한다.

둘째, 지역사회 조직을 파악해야 한다.

읍·면·동 지역사회에도 다양한 공·사조직이 있다. 행정복지센터의 관계 기관으로는 지구대(파출소), 농협, 우체국, 학교 등이 있다. 위원회에는 지역사회보장협의체를 비롯하여 주민자치위원회, 통·리장협의회 등이 있다. 민간단체에는 새마을부녀회, 자율방범대, 사회·봉사단체 등이 있다. 이처럼 수많은 조직이 유기체적인 연관성을 가지면서 지역사회를 지탱해 가고 있다. 사회복지사업이 주민의 행복 추구를 위한 공동체 사회를 지향해야 하는 만큼 지역조직과의 역동적인 관계성을 가져야 한다. 사실 새내기가 지역사회 조직을 파악하여 조직화를 시키는 데는 경험상 한계성이 있다. 관리자급인 읍·면·동장과 계장이 맡아야 할 업무라 할 수 있다. 새내기 처지에서는 실무적인 차원에서 관리자와 중간관리자가 어떻게 수행하는지 배우는 자세가 필요하다. 그러면서 몸으로 체득하도록 노력해 나가야 한다.

셋째, 읍·면·동 지역사회보장협의체를 조직화해야 한다.

읍·면·동 지역사회보장협의체 위원은 10명 이상으로 구성되어 있다. 대부분 앞서 얘기한 지역사회 조직에 속해 있는 관계 기관이 주축을 이루고 있다. 좁은 지역사회에서는 조직이 유사·중복되기도 한다. 효과적인 민·관 협력 복지사업을 위해서는 위원의 조직화가 선행되어야 한다. 읍·면·동에서 찾아가는 복지서비스 사업을 추진할 때 지역사회보장협의체의 심의를 거쳐야 한다. 읍·면·동 복지업무가 일반복지에서 맞춤형복지로 영역이 확장된 만큼 그 중심축인 위원과 밀접한 관계 형성을 해야 한다. 즉, 사회복지공무원은 지역사회복지사업 활성화를 위해서 위원과 주민 간의 중간매개자 임무를 수행해야 한다. 새내기도 사회복지사로서 계획자·조정자·촉진자·변화매개자가 될 수 있도록 지식과 기술을 연마할 각오가 되어 있어야 한다. 2018년 보건복지부 통계를 보면 사회복지공무원의 71.3%가 여성으로서 사회적인 조직 활동에 익숙하지 않기 때문에 어려움을 겪고 있는 것으로 나타나 더욱 관계 기술을 익혀야 할 필요가 있다.

사회복지사 + 공무원의 지향 정신은?

최고의 덕목은 올바른 가치관과 윤리 정신이다

사회복지실천의 3대 중심축으로는 가치·윤리, 지식과 기술을 꼽는다. 사회복지공무원은 동료에게 어떤 후배와 일했으면 좋겠냐고 질문했을 때 가치관이나 윤리 정신이 뚜렷한 사람이라고 입을 모은다. 사회복지사에게는 업무 특성상 지식과 기술, 능력 못지않게 인간성이 중시된다. 흔히 머리만 좋고 조직 갈등만 일으키기보다 성실히 발로 뛰는 사회복지사를 선호하는 것은 당연지사이다. 물론 사회복지실천 덕목을 골고루 잘 겸비한다면 금상첨화라 할 수 있다. 그 중요시하는 가치와 윤리를 한번 살펴보고자 한다.

먼저, 가치란 사회적 의미로 인간이 대상과의 관계 때문에 지니게 되는 중요성을 뜻한다.

사회복지에서 가치는 믿음과 같은 것으로 좋고 바람직한 것과 적합한 행동 선택에 대한 지침이다. 사람의 가치는 결국 올바른 인성을 결정하는 중요한 요소이다. 사회복지를 하려면 인성이 좋아야 한다. 인성이란 사람의 성품을 뜻한다. 이는 가치관, 도덕성, 윤리의식 등 다양한 의식이 결합하여 만들어진다. 인성은 사람이 태어나서 가정, 학교, 사회생활 속에서 성장하며 길러진다. 인성교육은 성적 지상주의와 치열한 취업 경쟁 때문에 가정과 학교에서 뒷전으로 밀려나 있다. 사회복지공무원도 개인주의와 경쟁 풍토에 익숙한 20·30대가 갈수록 늘어나고 있다. 개인이 한 집단 속에서 슬기롭게 살아가기 위해서는 포용적인 인성을 길러야 한다. 나는 어떤 사람이 되기를 원하는가. 아래 물음에 스스로 답해 보기를 바란다.

'일은 잘하지만, 인성은 좋지 않다.'

'인성은 좋지만 일은 잘하지 못한다.'

'일도 잘하고 인성도 좋다.'

'일도 잘못하고 인성도 좋지 않다.'

둘째, 윤리란 어떤 행동의 옳고 그름에 관한 판단이다.

사회복지 가치 기준에 맞는 실천을 하였는가에 대한 판단기준을 제시한다. 이 판단기준을 위해 윤리강령을 만들어 놓고 있으며 해당 전문가가 그에 따르는 행동을 하도록 지침을 제시하고 있다. <사회복지사 윤리강령>은 사회복지사로서 성찰과 양심을 느끼게 하며 우리가 진정한 사회복지사의 역할을 할 수 있도록 안내하고 있다. 올바른 가치관 정립과 윤리 함양을 통해 실천력을 길러나가야 한다. 또한 사회복지공무원은 <공무원헌장>과 <공무원 행동강령>까지 준수해야 하므로 소명의식이 매우 중요하다.

사회문제 인식을 가지고 참여하자

사회과학은 사회를 대상으로 한 학문이다. 사회란 공동으로 생활하는 사람을 조직화한 집단이나 세계를 말한다. 바로 사람이 그 대상이다. 사회과학 중 주민 생활과 가장 밀접한 학문은 사회복지라 할 수 있다. 이는 지방자치단체 복지 현장에서 주민의 삶의 질 향상을 위한 응용·실천으로 이어진다. 지역사회에는 다양한 계층과 욕구를 가진 사람이 얽히고설키며 살아가고 있다. 사회복지공무원은 그 사회문제 해결을 위한 사회복지서비스와 사회사업을 실천에 옮기고 있다. 그 주 대상자가 저소득층이기 때문에 더 세심한 관심이 필요하다.

우리나라는 출산, 교육, 주거, 고용, 노후, 건강 등 사회적 불안 순위가 경제협력개발기구 37개국 중 상위권에 속한다. 자살률, 초저출산율 등이 부동의 1위를 기록 중이다. 사회적 양극화가 심화하면서 사회문제의 골이 깊어지고 있다.

실례로 익산시 영등1동의 폐지 줍는 노인 문제를 살펴보고자 한다. 상가 밀집 지역이라서 의외로 폐지 줍는 노인이 눈에 많이 띄었다. 노인의 경제적 생활이 어렵다는 모습이라 할 수 있다. 노인의 안전, 생계 등의 문제를 해결하기 위해 1단계로 2017년에 3개월여 동안 실태조사를 시행하였다. 폐지 줍는 노인 20가구를 찾아내어 생활이 어려운 가정은 사회복지서비스를 연계시켜 주었다. 부양의무자의 소재를 확인하여 안전한 부양책임을 할 수 있도록 상담을 하였다.

2단계로는 신동지구대에 의뢰하여 동 행정복지센터에서 폐지 줍는 노인을 대상으로 교통안전교육을 실시하였다. 영등1동지역사회보장협의체의 기부금액으로 안전용품(야광 조끼, 야광 스티커, 방한복)과 방한복을 지원해 주었다.

3단계로는 영등자율방범대에서 정기적으로 폐지를 모아 주고, 1:1 결연을 통해서 지속적으로 대상자의 안부를 확인하도록 하는 업무 협약식을 맺었다.

익산 시내에 자동차를 운전하고 다니다 보면 손수레, 오토바이, 자전거 등 다양한 짐 싣는 기구를 동원하여 도로변을 누비고 다니는 노인을 흔히 목격할 수 있다. 단순히 동 지역 차원이 아닌 시 차원에서 해결 방법 모색이 필요한 사회문제라 할 수 있다.

속담에 "소 잃고 외양간 고친다"라고 했다. 사회문제가 발생한 후 사후 대책을 세우기보다 사전에 문제 발생의 소지를 없애는 것이 최선책이다. 그러지 못하여 사회문제가 발생하면 그 원인과 문제점을 자세하게 파악하고 그 대책을 구체적으로 마련해야 한다. 사회문제를 해결하기 위해서는 현상과 본질을 꿰뚫어 볼 수 있는 시각과 의식이 있어야 한다. 시시각각 변화하는 사회 뉴스에 민감하게 반응할 줄 알아야 한다.

사회복지학 전공교과목에 인간 행동과 사회환경, 사회문제론이 있다. 사회복지에 있어서 사회와 사람 관계를 좀 더 깊이 이해하는 데 중요한 서적이라 할 수 있다. 전자를 통해서 사전 복지 예측과 선제적 대응책이 필요하다. 후자의 경우 사람 문제를 해결하는 방법도 적극적으로 강구되어야 한다.

사회복지공무원은 단순히 정부의 복지서비스를 전달하는 역할에만 그쳐서는 아니 된다. 지역사회 내에서 주민과 복지관계망을 구축하여 주민이 스스로 문제를 해결할 수 있도록 조정자 역할을 해나가야 한다. 사회적으로 자살, 고독사, 유괴 등 사건이 발생할 때마다 사회복지공무원은 누구나 결코 강 건너 불구경하듯 손 놓고 있을 수 없다. 온 나라를 떠들썩하게 하는 사건이 발생할 때마다 뉴스에서 사회복지공무원이 등장하는 모습이 눈에 띈다. 사전 예방대책을 마련하지 않아서 업무 담당 공무원이 징계를 당하기도 한다.

사회복지공무원은 공무원 중 유일하게 사회복지전담공무원이라는 호칭이 부여되었다. 지역사회에서 대표적인 공인이 되어버렸다. 누구보다 사회적 안테나를 높여야 한다. 한편 뉴스, 기관, 주민이 사회복지에 관한 왜곡된 보도와 그릇된 편견을 조장할 때는 서슴없이 그 잘못되었음을 바로잡는 것도 작은 사회참여이자 복지 실천임을 잊지 말았으면 한다.

복지 현장에 답이 있다

아동 유괴 사건을 발생할 때마다 뉴스에서 경찰의 초동수사 부실 논란이 도마 위에 오른다. 사건 현장에서 세밀하게 조사와 증거가 수집되었다면 사망이나 제2의 사건을 막을 수도 있었는데 그러지 못하여 국민의 공분을 사기도 한다. 2014년 세월호 침몰 사건 이후 골든타임의 중요성이 더해가고 있다. 소방청은 불이 나거나 환자가 발생했을 경우 최초 5분 이내에 현장에 도착하는 재난 대응 목표 시간 관리제도인 골든타임제를 시행하고 있다. 최일선 공공복지 현장인 읍·면·동도 찾아가는 복지서비스가 시행되면서 복지 사각지대를 없애기 위한 현장 중심의 주민과 밀착된 복지행정이 갈수록 강화되고 있다.

익산시 영등1동의 복지 현장 사례를 살펴보고자 한다. 2017년에 <지역사회 복지조사 계획 연구서>를 작성 후, 제1단계로 기초생활보장수급자 313가구 584명에 대하여 전수조사를 시행했다. 어느 날 기초생활보장수급자이자 장애인 1인 가구에 방문했을 때 일이다. 월세집이었는데 한사코 방문을 열어주지 않아서 문밖에서 상담했다. 부엌 쪽에 폐품이 일부 쌓여 있는 모습이 살짝 눈에 띄었다. 직감적으로 방 안에 폐품을 적재해 놓았다는 것을 느낄 수 있었다. 집주인과 상담을 하였다. "밖에 나갔다 하면 물건을 들고 와서 방안에 쌓아놓는지 지저분해 죽겠다"라고 했다. 마치 주인과는 전혀 상관없다는 말투였다. 폐품 때문에 기초생활보장수급자와 다시 얘기를 나누었다. 집 안의 폐품을 치우는 것에 완강히 반대하였다.

그 후에 한 달 보름간 다섯 번의 방문과 별도 전화 상담을 통해서 주거환경개선사업 실시를 위한 설득작업을 해나갔다. 결국 집주인과 기초생활보장수급자로부터 주거환경개선 동의를 받아 내었다. 우선 영등1

동지역사회보장협의체와 관계 기관 자원봉사자가 참여하여 방 안 쓰레기를 치웠다. 익산시주택문화창의센터에서 문짝 수리와 도배·장판 깔기 작업을 해주었다. 쾌적한 주거환경에서 생활할 수 있도록 장애인 돌봄서비스를 연계하고 통장이 안전 관리토록 이웃 관계를 맺어주었다.

이처럼 가정방문을 하다 보면 전혀 예기치 못한 상황에 직면하기도 한다. 누군가 제보해 주면 모를까 방문을 하지 않고는 파악할 수가 없다. 한편 기초생활보장수급자가 동 행정복지센터에 직접 찾아오거나 전화로 생활실태를 얘기하며 어려운 가정생활의 도움을 요청하기에는 큰 용기가 필요하다. 현장 조사의 중요성은 2016년에 자살자가 연간 13,092명이고 하루 평균 36명이 생을 마감한 것과도 절대 무관하지 않다.

새내기 공무원이 방문조사를 잘하기 위해서는 몇 가지 갖추어야 할 조건이 있다. 첫째, 행복e음을 통해서 정보·자료를 명확히 파악해야 한다. 둘째, 사회복지대상자별 복지서비스 내용을 충분히 숙지해야 한다. 셋째, 대상자별 욕구에 따른 문제 해결을 위한 상담, 실천기술을 갖추어야 한다. 넷째, 공공－민간 복지서비스를 즉시 연계시킬 수 있도록 자원체계를 파악하고 있어야 한다. 다섯째, 가정방문을 왜 하는지 정확한 목적의식이 있어야 한다.

사무실 책상 위의 행복e음은 요술 방망이가 아니다. 눈에서 보이지 않으면 멀어진다고 했다. 행복e음이 현장과 접속되어야 한다. 사회복지대상자를 직접 찾아가서 인사하고 여쭙고 경청하다 보면 그 속에 분명코 해법과 실천의 길이 있다.

현장은 항상 옳다. 사회복지공무원이 현장을 찾을 때 실천과 경험을 중시해야 한다. 좋은 실천과 경험을 위해 먼저 철저히 준비하고, 나아가 치밀하게 임해야 한다. 실천은 머리로 알고 있는 지식을 현장에서 행동으로 옮기는 것이 되어야 한다. 고 김수환 추기경은 "사랑이 머리에서 가슴으로 내려오는 데 칠십 년이 걸렸다"라고 했다. 복지 실천은 몸과 마음이 하나가 될 때 말보다 행동이 앞설 때 그 꽃을 활짝 피울 수 있다.

전문가는 전문적 기술로 답하라

알아야 면장 한다

정부부서 중 법 종류가 가장 많은 곳은 어디일까. 당연히 보건복지부이다. 사회복지법은 크게 사회보험법, 공공부조법, 사회복지서비스법, 관련 복지법으로 나뉜다. 사회복지공무원의 업무와 직접 관련성 있는 법은 공공부조법과 사회복지서비스법이다. 이와 밀접한 사회복지사업법에 규정된 사회복지사업과 관련된 법의 종류가 27개나 된다. 이 법은 대부분 국회에서 법이 제정되면 하위법령인 시행령(대통령령)과 시행규칙(장관령)과 함께 삼위일체를 이룬다. 여기에 최일선 현장에서 신줏단지 모시듯 하는 각종 사회복지사업 지침까지 포함하면 그 숫자는 1천여 개가 훨씬 넘는다.

사회복지법은 몇 가지 특성이 있다. 먼저, 사회변화에 따라서 자주 법 조항이 변경된다. 둘째, 일반법 못지않게 특별법이 많은 편이다. 셋째, 임의규정이 많다. 넷째, 국민을 대상으로 한 법이다. 다섯째, 법의 종류가 다양하여 중첩성이 있다.

1990년대 초임 시절에는 대한민국 법령집 중 사회복지 분야인 38권을 책상에 놓고서 틈틈이 읽고 또 읽었다. 당시에는 법령 인쇄물이 읍·면·동에 우편 배달되어 법령집에 편철되어야만 볼 수 있었다. 지금은 <법제처 누리집> 국가법령정보센터를 클릭하면 대한민국 모든 법을 총괄적으로 파악할 수 있도록 편리해졌다. 법 전체 내용을 아래 한글 파일로 내려받을 수 있다. 국한문 혼용이 아닌 한글화 작업을 해놓아서 읽기에도 수월하다. 법-시행령-시행규칙 순으로 삼단 비교도 되어 있다. 위임법령 조항을 물 흐르듯 쉽게 파악할 수 있다. 법의 개정 내력을 체계적으로 게시해 놓았다. 그 개정 사유를 명시하여 취지를 정확히 이해할 수 있도록 편리하게 제공하고 있다.

사회복지공무원은 대부분 읍·면·동에 근무하면서 사회복지대상자 신청·접수, 상담과 조사, 복지서비스 등 업무에만 한정되어 있다 보니까 상대적으로 법령을 소홀히 할 수도 있다. 시·군·구의 경우는 복지 기획과 실행의 주체인 만큼 법령의 중요성은 아무리 강조하여도 지나치지 않다. 컴퓨터 즐겨찾기에 <법제처 누리집>을 저장하여 수시로 기획, 공문 작성, 민원 해결 등을 할 때 법적 내용을 확인하는 습관을 지녀야 한다. 필자도 즐겨찾기 1순위가 언제나 법제처이다. 특히 사회복지 시설 또는 민원 관련한 행정심판, 행정처분 등과 관련된 문서를 작성할 때는 법률 전문가의 조언을 받아야 한다. 사회복지법제론, 행정절차법, 행정법 등을 재학습한다면 더할 나위 없겠다.

2013년에 여성청소년과에서 보육업무를 담당할 때 이야기이다. 사회복지공무원이면 누구나 기피 대상 1호 업무가 보육이다. 2년 6개월 동안 근무하면서 어린이집 20개소의 행정처분 관련 원장 자격정지, 어린이집 운영정지, 청문, 보조금 환수 등 업무를 처리했는데 그 스트레스는 이루 헤아릴 수가 없었다. 한 후배 공무원이 읍·면·동에만 근무하다가 처음으로 보육계에 발령받아 왔다. 오자마자 어린이집의 행정심판 민원업무를 처리하는 데 어쩔 줄 몰라했다. 행정절차에 관한 지도·조언을 자상하게 해주었더니 무척 고마워했다. 지금 그 후배는 업무 경력과 전문지식이 쌓였고 적극적으로 행정을 펼치고 있다. 선배로서 그런 후배 모습을 지켜보면 왠지 흐뭇하다.

사회복지공무원은 복지업무가 방대하고 갈수록 증가하기에 업무 연찬을 꾸준히 해나가야 한다. 가끔 민원전화를 받다 보면 "사회복지공무원이 그것도 모르고 있느냐"라고 볼멘소리를 듣곤 한다. 19개 중앙부서에서 360여 개의 사회복지사업을 추진하고 있다. 지방자치단체 복지시책까지 포함하면 몇 배가 넘는다. 상황이 이렇다 보니까 담당 업무가 아니면 모를 수도 있는 것이 당연하다. 하지만 민원인은 아예 업무를 잘 모르는 것으로 오해하기가 쉽다. 민원인의 말하는 의도를 정확히 파악하여 눈높이에 맞게 답변을 잘해주어야 한다. 업무를 정확히 알지도 못하면서 대충대충 설명하면 또 다른 민원을 불러온다. 담당 업무를 소극적으로 안내하여 복지서비스를 지원받는 데 불이익을 초래하면 곤란하다. 선무당이 사람 잡는다고 했다. 잘 모르면 솔직하게 잘 모르니까 확인 후 자세히 안내해 드린다고 양해를 구하는 것이 도리이다. 업무적으로 바쁘다고, 꼬치꼬치 캐묻는다고 귀찮다는 식으로 건성건성 상담하다 보면 민원인의 감정을 상하게 할 수 있으므로 조심, 또 조심해야 한다.

예를 들면, 기초생활보장수급자를 상담할 때 일곱 가지 급여, 즉 생계·주거·의료·자활·교육·해산·장제급여 내용뿐만 아니라 가구원의 사회복지서비스, 감면제도 등을 폭넓게 숙지하고 있어야 비로소 깊이 있는 상담을 통해서 복지서비스를 안내할 수 있다. '아는 만큼 보인다', '지식이 곧 힘이다'라고 했다. 평소 사회복지 업무 연찬을 틈틈이 하여 언제 어디서나 자연스럽게 상담함으로써 사회복지대상자가 신뢰감을 가질 수 있도록 해야 한다. 그게 바로 사회복지사이자 공무원의 전문적 자질이 아닐까 한다.

멘티가 찾아오니 이 또한 기쁘지 아니한가?

2014년에 불과 4개월여 동안, 전국에서 사회복지공무원 4명이 자살하는 사건이 발생했다. 신의 직장이라 불리는 공공기관 공무원이 스스로 목숨을 끊었기 때문에 사회적 충격이 매우 컸다. 이에 보건복지부에서는 부족한 인력충원을 하고 특별시·광역시·도에서는 치유 행사, 정신건강 프로그램이 우후죽순으로 도입되었다. 시·군·구에서는 후배 공무원이 공직에 잘 적응하고 배울 수 있도록 이끌어주는 멘토·멘티 결연식이 성행하였다.

이와 관련 전라북도와 익산시의 두 가지 사례를 소개하고자 한다. 전라북도에서는 전라북도사회복지행정연구회 주최로 2015년부터 사회복지공무원 행복멘토링 대회를 해마다 개최하고 있다. 이 행사에서 시군별 새내기 공무원 멘토·멘티 결연식을 시행한다. 선배가 후배에게 꽃과 선물을 전달해 주고, 후배가 선배에게 전하는 글을 통해서 서로 공감하며 우의를 다진다. 멘토와 멘티가 활짝 웃으며 포옹하고 사진을 찍으면서 친밀감을 형성한다. 서로 만나서 알아가고 느끼며 공감할 수 있어서 인기가 좋다. 아마도 사회복지공무원 세계에서만 볼 수 있는 아름다운 광경이지 않을까 싶다.

익산시도 멘토·멘티 결연식을 2회 개최했다. 익산시사회복지행정연구회가 주관하여 강의, 오락, 선물 증정 등을 통해 몸과 마음이 하나 되는 시간을 가졌다. 새내기 공무원을 위한 1박 2일 수련회를 7년째 실시했다. 선배가 행사계획 수립에서 진행 상황에 이르기까지 일체를 준비한다. 이날만큼은 새내기가 주인공이라서 특별한 대접을 받도록 아낌없이 배려해 준다. 청춘남녀들과 선배가 숙박하면서 친근감을 쌓아간다. 새내기가 선배에게 쉽게 다가갈 수 있어서 조직 생활과 업무 적응도 빠르다.

이처럼 1박 2일 수련회는 후배에게 공직생활 동안 영원히 잊지 못할 추억의 선물이 되고, 선배와 후배의 관계 형성을 통한 세대 간에 가교 구실을 하고 있다. 선배가 먼저 손을 내밀고 잡아줄 수 있다는 것은 사회복지공무원 특유의 조직문화라 할 수 있다. 다른 직렬 공무원으로부터 부러움을 받기도 한다.

공자는 『논어』에서 "친구가 멀리서 찾아오니 이 또한 기쁘지 아니한가"라고 했다. 이처럼 새내기가 공직생활에 첫발을 내디딜 때는 선배가 솔선수범해서 맞아주며 이끌어주어야 한다. 후배는 이를 개인 간섭으로 받아들이면 곤란하다. 어느 정도 공무원 생활환경에 적응되면 후배가 먼저 선배에게 이것저것 적극적으로 묻는 모습을 보여 주었으면 좋겠다. 선배도 이를 귀찮게 여기면 곤란하다. 복지업무는 협력 없이 독불장군처럼 혼자서 추진할 수 없다. 손뼉도 마주쳐야 소리가 나는 법이다.

선배와 후배, 즉 멘토와 멘티는 의사소통이 잘 되어야 한다. 선배는 후배가 정확하게 업무를 숙지할 수 있도록 자상하게 학습지도를 해주어야 한다. 후배는 선배에게 배우려는 적극적인 자세가 필요하다. 무조건 선배에게 의존하는 것도 잘못이지만 업무 연찬을 소홀히 하여 발생하는 피해는 고스란히 주민에게 전가되는 것을 명심해야 한다. 간혹 선배가 제대로 잘 알려주지 않거나 잘 몰라서 업무를 배우기 어려울 때도 있다. 이때는 다른 선배나 멘토를 찾아서 문제를 해결하는 지혜를 길러야 한다.

사실 선배 처지에서 볼 때 후배가 하루빨리 업무를 정확히 습득하여 제대로 된 복지서비스를 지원할 수 있으면 후배 덕분에 누이 좋고 매부 좋다고 할 수 있다. 1990년대 첫 임용된 사회복지공무원에게는 선배가 없다. 혼자서 새로운 길을 개척해 왔고 지금도 미지의 길을 개척하고자 그렇게 걷고 있다. 후배에게 있어서 선배란 듬직한 등대와 같다. 공직생활 동안에 한 명쯤 롤모델이 될 수 있는 멘토를 잘 사귀어서 선배보다 더욱 일일신해 가는 후배가 된다면 더할 나위 없이 기쁘다 하겠다.

선배의 발자국을 답습하지 마라

공무원 업무 중에 기본적인 행정이 바로 문서작성이다. 지방공무원교육원의 새내기 교육과정 중 공문서작성에 관한 교육내용이 부족한 편이다. 사전 공문서작성 준비가 없는 상태에서 업무를 시작하다 보니 선배 공무원이 기안한 기존 공문서를 불러와서 재작성한다. 아무런 의심 없이 다시 기안하다 보면 서너 줄밖에 안 되는 문서작성을 하는데도 오류가 발생하곤 한다.

그 사례로 장애인 전출에 관한 공문서를 살펴보고자 한다. <표 25>는 각기 다른 읍・면・동에서 작성한 장애인 전출 공문서를 있는 그대로 인용하였다. 모두 제각각이다. 그 문제점으로는 띄어쓰기(등록장애인과 등록 장애인, 장애인복지법시행규칙과 장애인 복지법 시행규칙 등), 용어 중복・오류(통보→알림, 송부, 참고), 법적 근거 부적합(장애인복지법 제32조), 문맥 불일치(법적 근거 우선), 붙임 자료 생략(장애진단서) 등 나타났다. 이 중 사례5가 가장 잘 작성된 공문서라 할 수 있다. 나머지 네 가지 사례와 자세히 비교하여 살펴보기를 바란다.

〈표 25〉 **장애인 전출 공문서**

사례1 제목 : 등록장애인 전출 통보 및 관련서류 송부(2017.12.15.~2018.1.18.) 1. 귀 동의 무궁한 발전을 기원합니다. 2. 장애인복지법 시행규칙 제10조 제2항(등록현황의 기록 및 관리)의 규정에 의거 관내 등록 장애인이 귀 동으로 전출하였기에 붙임과 같이 전출 통보하오니 업무에 참고하여 주시기 바랍니다. 붙임 : 1. 등록장애인 전출 내역 1부 2. 장애진단서 1부(별송). 끝.

사례2 제목 : 등록장애인 전출 알림 1. 귀 기관의 무궁한 발전을 기원합니다. 2. 장애인복지법 제32조 및 동법 시행규칙 제10조(등록현황의 기록 및 관리)와 관련하여 등록장애인 전출사항을 붙임과 같이 통보하오니 업무에 참고하시기 바랍니다. 붙임 : 전출 장애인 명단 1부. 끝.

사례3 제목 : 등록 장애인 전출 알림(2017.8.1.~8.30.) 1. 귀 기관의 무궁한 발전을 기원합니다. 2. 우리 동에 거주하던 등록 장애인이 귀 동으로 전출하였기에 장애인 복지법 시행규칙 제10조의 규정에 의거하여 붙임과 같이 알려드리오니 업무에 참고하여 주시기 바랍니다. 붙임 : 장애인전출자명단 1부. 장애진단서 각 1부(별송). 끝.

사례4 제목 : 등록장애인 통보 및 관련서류 송부 1. 귀 기관의 무궁한 발전을 기원합니다. 2. 우리 동에 거주하던 등록 장애인이 귀 동으로 전출하였기에 장애인복지법 시행규칙 제10조제2항에 의하여 붙임과 같이 통보하오니 업무에 참고하시기 바랍니다. 붙임 : 장애인 전출자 명단 1부. 장애진단서 각 1부(별송). 끝.

사례5
제목 : 등록장애인 전출 알림
1. 귀 기관의 무궁한 발전을 기원합니다.
2. 「장애인복지법시행규칙」 제10조 제2항 규정에 따라 등록장애인이 붙임과 같이 전출하였기에 알려드립니다.
붙임 : 1. 전출 장애인 명단 1부
2. 장애진단서 1부(별송). 끝.

속담에 "세 살 버릇 여든까지 간다"라고 했다. 공무원 초기에 잘못된 습관이 한번 몸에 배면 정년이 될 때까지 바꾸기가 어렵다. 공조직에서 잘못된 것이 관행으로 굳어지면 특유의 관료주의 문화 때문에 바로 잡기가 쉽지 않다. 즉, 적폐가 된다. 단순한 장애인 전출 공문서 작성내용도 이럴진대 사회복지행정의 8대 과정, 즉 기획, 조직, 인사, 지시, 조정, 보고, 재정, 평가 관련 보고서와 홍보 자료 작성은 어떻게 해야 할지 실로 고민스럽다. 공문서작성 교육과정이 있으면 충분히 활용해야 한다. 공문서가 공람이 되면 잘 작성된 것을 컴퓨터에 저장해 두었다가 필요할 때 사용하는 것도 한 방법이 되겠다. 한편 글쓰기와 보고서 관련한 『대통령의 글쓰기』, 『대통령 보고서』, 『강원국의 글쓰기』등의 책이 출간되었다. 자신에게 적합한 책을 선택하여 배우는 것도 적극적으로 권장한다.

꺼진 불도 다시 보자 했다. 공문서를 작성할 때는 행정 효율과 협업 촉진에 관한 규정에 따라 작성하여야 한다. 잦은 법 조항 변경과 행정용어 변화를 파악해 두자. 되도록 누구나 이해하기 쉬운 용어를 사용하여야 한다. 무분별한 영어, 한자어 사용보다 한글 표기 습관을 기르자. 빛깔 고운 떡이 먹기에도 좋듯이 군더더기 없이 깔끔하게 문서를 작성한 후배에게 신뢰가 갈 수밖에 없다.

열심히 일하는 사람은 즐기면서 일하는 자를 이길 수 없다

지방공무원 중 사회복지공무원은 흔히 3D(더럽고, 어렵고, 힘들고) 직업에 속한다. 업무량도 많고 복잡하고 어려워서 누구나 기피한다. 익산시 공무원 1,600여 명 중 사회복지사 자격증을 취득한 직원이 110여 명이나 된다. 사회복지공무원이 출산휴가, 휴직하면 복지업무를 대행해 주는 직원이 별로 없다. 설령 대행한다 해도 행복e음이 매우 복잡하여 단기간 습득이 어렵고 오히려 업무를 가르쳐 주는 것이 더 어려울 정도이다. 그렇다 보니까 사회복지업무는 당연히 사회복지공무원만이 할 수 있는 업무로 인식하는 경향이 크다. 일반직 공무원의 업무 공백이 생기면 사회복지공무원은 당연히 타 업무도 맡아야 하는 것이 관행처럼 되어있다.

미래에 가장 오랫동안 살아남을 직업군 중 하나가 바로 사회복지사이다. 사회복지공무원은 임용되는 순간부터 퇴직할 때까지 사회복지업무만을 전담해야 한다. 20대의 경우 30여 년, 30대의 경우 20여 년이란 만만치 않은 세월을 바쳐야 한다. 사회복지업무 대상자가 대부분 사회적 약자인 저소득층이기에 해결해야 할 문제와 지원해야 할 복지서비스가 과다하여 업무 스트레스가 높다. 실제 정신과 병원에서 공무원이 상담받을 때 의사가 "혹시 사회복지사입니까?"라고 묻는 경우가 많다고 들었다. 정년 때까지 건강하게 근무하는 것이 중요하다.

2007년 어양동행정복지센터에 근무할 때 보육료 지원이 4계층으로 확대되었다. 1개월여 동안 신청 건수가 영유아 1천 명이 넘었다. 후배와 둘이 도저히 처리할 수 없어서 지인 두세 명이 긴급 동원되었다. 3월 중순 무렵에 마무리되어야 할 조사가 4월까지 지연되었다. 낮에는 신청서 접수와 전화 상담을 하고, 밤낮과 휴일 없이 2개월여 눈코 뜰 새 없이 일만 하다 보니까 업무 압박감과 스트레스가 이만저만이 아니었다. 보육료 신청이 기한 내 처리되지 않는다는 부모의 항의가 빗발쳤다. 아침에 사무실 출근하기가 두려웠다. 다른 복지업무도 누적되자 정신적인 피로도가 극에 달했다. '아! 이래서 사람이 과로로 죽을 수도 있겠구나.'라는 생각이 자꾸 떠올랐다.

돌이켜보면 공직생활 27년여 동안 야근이 다반사였다. 휴일에도 출근해서 밀려있는 일을 처리하는 때도 많았다. 대통령이 바뀌는 5년마다 새로운 복지정책이 도입되면 인력 부족으로 어려움이 더욱 악순환되었다. 지금까지 온갖 시련을 견뎌오면서 큰 사고 없이 복지업무를 수행해 올 수 있었던 것은 무엇 때문이었을까?

필자는 대학교 다닐 때부터 사회복지에 확실한 철학을 가지고 있었다. 교수님의 여러 취업 제의를 뿌리치고 공무원의 길을 스스로 선택하였다. 일할 때는 중·장기적인 목표와 계획을 세워서 추진하는 것이 습관화되어 있다. 특히 과다한 업무처리에만 급급하지 않고, 그 문제 해결을 위해 끊임없이 연구하면서 실천방안을 찾았다. 공문과 계획서를 작성할 때도 법령과 지침, 정보와 자료, 맞춤법과 글쓰기 요령에 맞는지 꼼꼼하게 살펴보았다.

이처럼 현장에서 꾸준히 일과 학습을 병행하면서 공무원 연수가 더해 갈수록 경험과 지식은 차곡차곡 쌓여갔다. 현장 업무 → 학습·글쓰기 → 연구·강의 작업을 꾸준히 해왔다. 한눈팔지 않고 한 우물만 파온 덕분에 전문성을 인정받아서 겸벌이가 가능한 측면도 있다. 새로운 복지 일을 하거나 배울 때도 호기심과 재미가 쏠쏠하다. 인사 때마다 어떤 업무를 분담해 주건 간에 업무 과다에 대하여 좋다 싫다 탓해 본 적이 없다. 맡겨주면 자신감 있게 그 두 배 이상 업무 능력을 창출해 왔다.

어느 자리에 있건 간에 일을 창의적으로 만들어서 하는 편이다. 일에 대해서는 두려움보다 항상 당당함이 먼저였다.

공무원 지인들은 간혹 "머릿속에 온통 사회복지 생각만 가득한 것 같다", "너무 열심히 하지 말고 쉬엄쉬엄해라", "여기는 동사무소이지 본청이 아니니까 적당히 해라"하며 한마디씩 거든다. 이건 상대방이 주관적으로 느끼는 단편적인 생각이다. 일을 많이 하는 만큼 개인적인 충분한 시간을 가지는 것도 매우 중요하다. 일에 쉼표만 있고 마침표가 없으면 일의 능률을 올리는 데 한계성이 있다. 혼자서 여유롭게 생각할 수 있는 시간이 많아야 창의적인 일이 가능하다.

사실 밀려오는 일을 파도타기 하듯이 즐기면서 할 수 있었던 요인 중에는 개인적인 취미생활을 빼놓을 수 없다. 가족과는 주로 역사·문화 여행을 많이 다녔다. 혼자서는 독서, 글쓰기, 산행, 유적답사를 즐겨 하는 편이다. 연가 대부분을 이곳에 사용한다. 서재의 책 1,200여 권이 다독·다작·다상량의 창조 역할을 톡톡히 해준다. 배움과 재충전을 통해 일을 즐기면서 할 수 있는 선순환 구조가 자연스럽게 형성되면서 새로운 일에 거침없이 도전할 수 있었다. 남은 공무원 생활도 주저 없이 그렇게 해나가고자 한다.

헨리 포드는 "휴식은 게으름도 멈춤도 아니다. 일만 알고 휴식을 모르는 사람은 브레이크 없는 자동차와 같은 위험하기 짝이 없다. 쉴 줄만 알고 일할 줄 모르는 사람은 모터 없는 자동차와 마찬가지로 아무 쓸모가 없다"라고 했다.

사회복지공무원의 길은 절대 만만치가 않다. 험난하다. 사회복지사 자격증을 취득했다고 해서 자원봉사처럼 누구나 쉽게 일할 수 있는 직업으로 착각하면 곤란하다. 피할 수 없으면 즐기라 했다. 월급 받고 일하는 직장이라는 단순한 생각에서 한발 비켜나 스스로 사회복지 직업의식과 공무원 소명 의식을 가져야 일이 흥미로울 수 있다. 간혹 후배가 민원인과 전화할 때 목소리만 들어도 상대방을 대하는 태도가 쉽게 짐작이 간다. 나 하나의 나쁜 기운은 조직에 쉽게 전염되어 오염시킬 수 있다. 특히 이기적 개인주의를 경계해야 한다.

공자는 『논어』에서 말했다. "아는 것은 좋아하는 것만 못하고, 좋아하는 것은 즐기는 것만 못하다" 어차피 해야 할 일이라면 유쾌·상쾌·통쾌하게 대했으면 한다. "열심히 배우겠습니다", "열심히 일하겠습니다", 선배에게 처음 인사할 때 마음과 젊음 그 자체로 공조직에 신바람을 불러 일으켰으면 한다. 아울러 삶에 여유를 가지고 나 자신의 삶을 즐기기 시작할 때 나도 타인도 내 가슴에 들어오게 된다. 사람은 누구나 일과 휴식이 적절히 조화로운 삶을 이룰 때 균형적인 생활을 유지할 수 있다. 사회복지사가 즐거워야 사회복지수급자가 행복해진다.

도전하는 삶이 아름답다

첫 번째 펭귄처럼

책 『보이지 않는 차이』에 <첫 번째 펭귄처럼>이라는 글이 있다. 펭귄은 바다에 뛰어들기 전에 서로 눈치를 보면서 한참 동안 머뭇거리다 한 녀석이 뛰어들어야 비로소 바다로 향한다. 펭귄이 주저하는 까닭은 천적 때문인데 섣불리 바다에 들어갔다가는 바다표범이나 물개에게 잡아먹힐 수도 있다. 배가 고플 때는 한시라도 빨리 바다에 들어가 먹이를 잡고 싶지만, 물속에서 바다표범들이 노리고 있을지 알 수가 없다. 감히 뛰어들지 못하고 어슬렁거리기만 할 뿐이다. 안전이 확인되기 전까지는 눈치보기가 이어지고 한참 동안 굶주릴 수도 있다. 이럴 때 한 마리가 과감하게 바다에 뛰어들면 그 뒤를 이어 수백 수천 마리가 다이빙하는 장관이 연출된다.

'첫 번째 펭귄'이라는 말은 불확실하고 위험한 상황에서 용기를 내어 도전하는 사람을 가리키는 영어의 관용어다. 그 펭귄처럼 초창기 사회복지공무원 선배들은 공공복지 최일선에서 선구자 역할을 해왔다. 이제 새내기 공무원도 복지부동과 무사안일에 안주하려는 펭귄이 아닌 젊은 기상과 진취적인 사고로 각자 개성에 걸맞게 공직사회의 첫 펭귄이 되길 희망해 본다. 청춘은 바라만 봐도 언제나 소중하고 아름답다. 역으로 자신의 보신만 추구하거나 한 치의 손해를 보지 않으려는 후배에게서는 왠지 살가운 정을 느끼기가 어렵다.

나 하나 꽃피어

대부분의 신규 공무원은 어려운 취업 관문을 통과해서 합격의 영광을 안았다. 그만큼 실력도 뛰어나고 신세대로서 개성도 뚜렷하며 환경 적응과 업무처리 능력도 빠르다. 반면 선배 처지에서 볼 때 약간 우려되는 측면도 있다. 국민의 공복이라는 의식보다는 생계를 위한 직업이라는 인식이 팽배해 있는 것 같다. 공인으로서 공무원 사명감도 희박한 것 같다. 치열한 시험경쟁에서 살아남아서 그런지 협력관계나 타인을 위한 배려가 부족해 보이는 경향이 있다. 꼰대 선배의 괜한 기우였으면 한다.

사회복지는 업무 특성상 협업·협동·협치가 필수적이다. 특히 동료 간의 소통과 연대 정신이 중요하다. 협력이라는 호숫가에 재미 삼아 무심코 던진 돌에 개구리가 맞아 죽을 수도 있다. 결국 물이 썩어서 물고기가 전혀 살지 못할 수도 있다. 나 하나쯤이 아닌 나 하나 꽃필 때 사회복지사의 존재 가치는 더욱 빛난다. 그것이 바로 공무원으로서의 존재 이유이기도 하다. 조동화 시인의 시구 "나 하나 꽃피어 풀밭이 달라지겠느냐고 말하지 말아라." 그 의미를 되새겨 보았으면 한다.

청출어람 청어람

사회복지공무원은 1987년에 49명을 시작으로 2019년에 26,076명이 되었다. 그동안 대한민국 공공복지 최일선 현장에서 황무지를 개척해왔다. 누군가 첫발을 내디딘 선구자가 있었기에 우리 모두 오늘의 풍요로운 영광을 누리고 있다. 사회복지공무원이 있었기에 대한민국 공공복지 현장의 서비스는 비약적인 발돋움을 할 수 있었다. 30여 년의 역사 속에 강산이 세 번이나 바뀌는 동안 과중한 업무와 스트레스로 인한 자살, 질환으로 인한 사망, 유산, 민원인 난동으로 인한 부상, 수많은 이직 등

이루 형용할 수 없는 희생이 뒤따랐다. 그런데도 '흔들리지 않고 피는 꽃이 어디 있으랴'처럼, 저 들판의 들꽃처럼 끈끈한 생명력으로 자생해 왔다. 공공부조와 사회복지서비스가 선별적 복지에서 보편적 복지로 진화하는 데도 최일선 음지에서 혁혁한 공을 세웠다.

선배가 걸어온 발자취와 그 마음을 후배가 조금 더 헤아려 주면 어떨까. 예를 들면, 사회복지 수당이 최초 3만 원 신설에서 월 10만 원으로 인상되기까지의 과정을 살펴보면 매월 거저 통장에 입금하는 수당이 아니다. 그간 선배의 희생과 한국사회복지행정연구회 투쟁의 산물이기도 하다. 선·후배가 서로 마음을 열고 대화를 하다 보면 그 역사와 공공복지 정신을 더 깊게 이해하며 교감할 수 있다. 동행이란 선·후배가 한 방향으로 걸어가는 것이 아니라 같은 마음으로 가는 것이다. 같이 걸어줄 누군가가 곁에 있다는 것, 그것처럼 우리 삶에 따스한 것은 없다.

제1기 사회복지공무원인 김진학은 사회복지사 30년 회고록인 『소명』에서 이렇게 말했다.

"현재에 만족하고 안주한다면 우리들의 미래는 발전하기는커녕 퇴보의 길을 걷게 될 것이다. 훗날 사회복지 역사가 우리에 대한 평가가 있을 때 사회복지공무원 제도가 실패로 끝나 사회복지계의 발전을 퇴보시켰다는 평가가 아니길 바란다. 우리나라 사회복지 역사에 있어 새로운 장을 연 개척자로서 역할을 완수하여 대한민국의 공공복지 발전의 밑거름이 됐다고 기록되게 만들자."

『순자』에 "청출어람 청어람"이란 말이 있다. 푸른색은 쪽에서 취한 것이지만 쪽보다 푸르다는 뜻으로 제자가 스승보다 또는 후배가 선배보다 더 푸르게 학문을 진작시킨다는 의미를 담고 있다. 새내기 공무원도 언제까지나 새내기일 수는 없다. 선배로부터 좋은 유산만을 물려받아서 늘 처음처럼 설렘과 꿈을 가지고 더욱더 푸르게 공공복지 현장을 가꾸어 나가기를 소망해 본다.

부 록
영등1동에 살어리랏다

영등1동지역사회보장협의체

영 등 1 동 행 정 복 지 센 터

순서

사진: 영등주공2단지 내 느티나무

마을연혁 영등(永登)은 '길다란 등성이'이다

■ 유래

○ 영등(永登)은 '길다란 구릉으로 이루어진 나지막한 잿마을'이라는 뜻이다. 즉 '길다란 등성이'로써 옛 영등리 지형이 낮은 구릉이 길게 뻗어있는 곳이었다 해서 유래되었다.

■ 지형

○ 대부분 구릉지대이다. 서쪽은 소라산을 경계로 남중동과 신동, 남쪽은 고봉산을 경계로 마동, 북동쪽은 낮은 지대로써 북쪽 영등1동과 동쪽 어양동과 접하고 있다. 1970년대 야산개발로 대부분 밭으로 개간 후, 1990년대에 택지개발(주택, 아파트 단지)로 평탄한 신도시가 건설되었다.

■ 지도

일반현황 주거·교육·상업·복지 중심 1번지! 영등1동에 살고 싶다

■ 행정구역·인구

(2019.1.1.)

■ 면적·토지

(㎢)

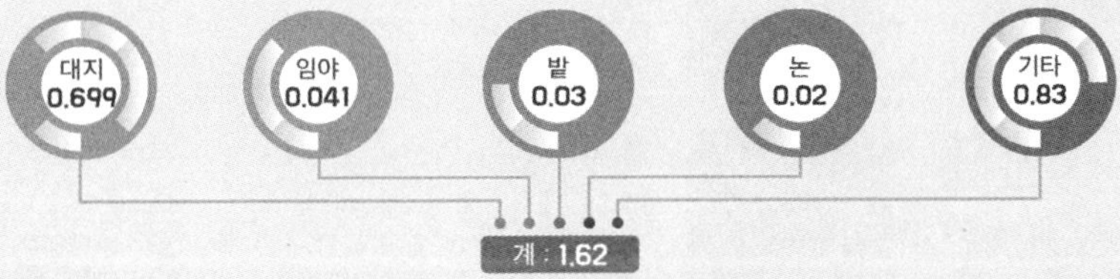

■ 연　　혁

- ○ 1974. 7. 1. : 이리시 편입 → 익산군 북일면(신리, 영등리, 어양리) → 북일동
- ○ 1990. 1. 1. : 북일동 분동 → 북일동(영등, 어양), 신동
- ○ 1996. 7.10. : 북일동 분동 → 영등동, 어양동
- ○ 1998. 2. 2. : 행정구역 조정 → 무왕로 남쪽 영등동, 북쪽 어양동
- ○ 1998.10. 9. : 동 통폐합 → 영등동(영등동, 어양동 통폐합)
- ○ 2003. 3. 1. : 영등동 분동 → 영등1동, 영등2동, 어양동

■ 지역특성

- ○ 대규모 아파트 주거단지와 교육·상업이 조화롭고 살기 좋은 도시환경
- ○ 최초 신도시 개발지로써 도시기반 구축으로 우리 시 중심지역 형성
- ○ 제1국가산업단지 재생사업으로 익산시 신산업(비지니스·지식산업센터)·관광 타운(호텔·컨벤션) 급부상
- ○ 익산시 나눔·봉사 중심의 복지 1번지

역사문화

선사시대부터 사람살기 좋은 마을이었다

< 영등동 유적 >

■ 영등동 유적

영등2동 산65-5번지 일대 3개 지역에서 청동기시대부터 조선시대에 이르는 집터와 유물이 다량 발굴되었다. 호남지역 최초로 초기 삼국시대에 해당하는 주구묘가 확인되었다. 선시시대부터 현대에 이르기까지 사람살기 좋은 마을이라는 유적임을 입증해 주고 있다.

< 일제강점기 황등호 전경 >

■ 황등호(요교호)

원래 명칭은 요교호(腰橋湖)이다. 이 호수는 조선시대 「문헌비고」에 호수 둘레가 25리라 했다. 영등동, 황등면, 임상동 등에 걸쳐서 위치하였다. 일제강점기때 제방 증축(1923년)후, 대아저수지와 대간선수로가 건설되면서 넓은 들로 변모되었다. 호남(湖南)의 시원이 되는 호수이다.

< 소라산자연마당 입구 >

■ 소라산

영등1동, 남중동, 신동 일대에 위치한 익산 도심 유일의 자연공원(208,428㎡)이다. 2015년 소라산자연마당(55,000㎡)이 조성되어 생태보존과 시민들의 산책공간으로 각광을 받고 있다. 이 산은 윤흥길의 소설「소라단 가는 길」의 무대로써 한국전쟁 당시 상흔이 서려있다.

< 제 1 국가산업단지내 귀금속단지 >

■ 익산귀금속단지

1975년 영등1동 제1국가산업단지에 최초 조성되었다. '익산 보석의 도시' 명성을 얻게 한 메카로써 현재 90여개 보석업체가 입주해있다. 2014년 미륵사지 석탑에서 발굴된 백제인의 빼어난 사리장엄구 예술이 1,400년 흘러 장인들 손길로 이어지면서 귀금속을 국·내외로 수출하고 있다.

< 제1회 영등1동 문화기행(고봉산) >

■ 고봉산

고봉산은 동부시장오거리와 제1국가산업단지 사이 선화로 중간 우측 마동에 위치한 해발 48m이다. '높은메'로 불리던 것이 한자 고봉(高峰)으로 바뀌었다. 이 산을 경계로 영등1동과 마동으로 나누어진다. 도로명인 '고봉로'는 바로 이 산에서 명칭이 붙여졌다.

복지현황 영아에서 노인까지, 이웃이 복지다

■ 공공부조수급자

(2019. 1. 1)

구분	가구	명
01 기초생활보장수급자	352가구	641명
02 차상위계층	702가구	1,093명
03 법정 한부모가족	122가구	325명

■ 사회복지서비스대상자

(2019. 1. 1)

구분	가구	명
양육수당	229 가구	245 명
보육료	852 가구	927 명
아동수당	654 가구	846 명
초·중·고학생교육비	334 가구	588 명
장애인연금	136 가구	139 명
기초연금	1,564 가구	1,882 명

■ 사회복지시설·학교

(2019. 1. 1)

구분	개소
어린이집	23개소
지역아동센터	6개소
경로당	16개소
사회복지시설	9개소
학교	5개소

마을축제 미래, 지역 희망은 마을공동체이다

■ 영등1동 소라산 마을축제 흐름도

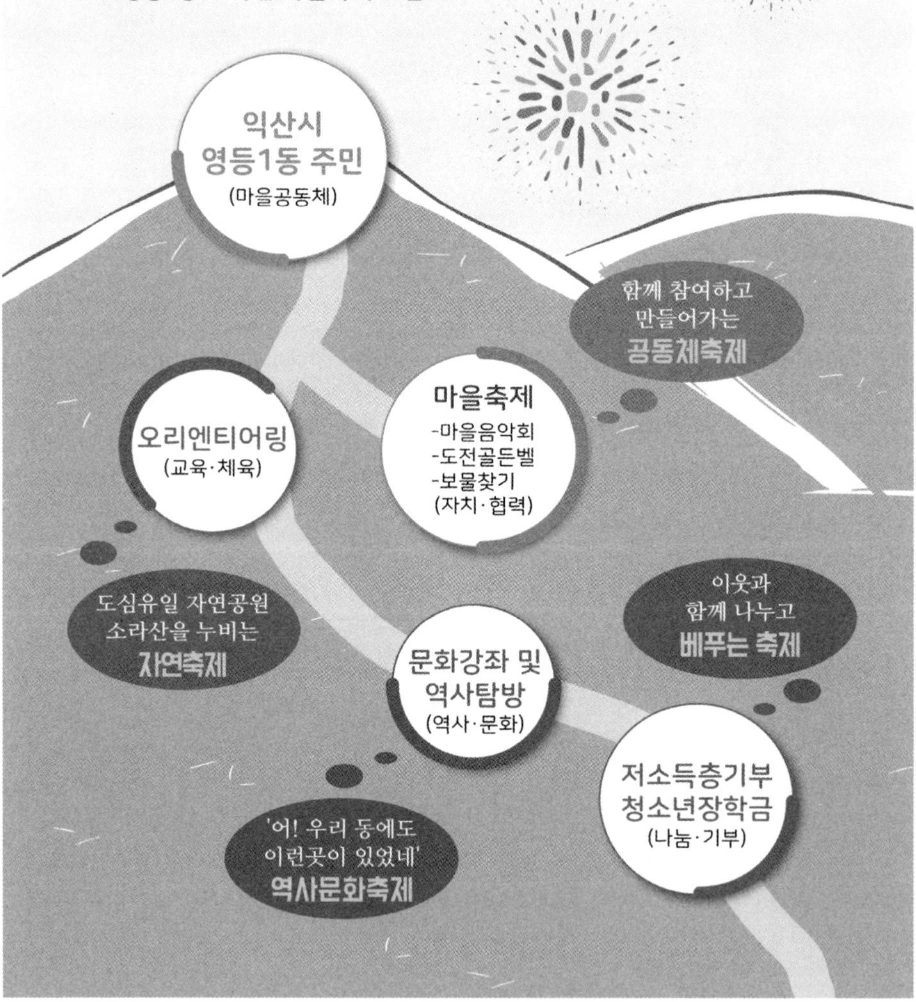

마을축제

마을공동체는 탁월한 개인보다 훨씬 지혜롭다

■ 축제개요

○ 제목 : 제2회 영등1동 소라산 마을축제

○ 목적 : 익산 도심 유일의 자연공원이자 영등의 유래지인 소라산에서 자연·역사·문화기행 및 마을 축제를 통하여 동민들과 공동체 의식을 되살려 아름답고 살기 좋은 마을을 가꾸고자 한다.

○ 기간 : 매년 9월(예정) ※ 2018년 제1회 마을축제 개최

○ 장소 : 소라산 일원

○ 대상 : 영등1동 동민, 시민

○ 내용 : 문화강좌, 문화탐방, 오리엔티어링, 보물찾기, 마을음악회, 풍물패 길놀이 등

■ 축제사진(2018년)

○ **개강식** : 인사말씀-동영상, 통기타(인어스) 공연

○ **소라산 문화강좌(1)** : 소설 "소라단 가는 길" 숨은 이야기

○ **소라산 문화강좌(2)** : 소라산 자연·문화와 영등동의 역사

○ **소라산 자연문화 탐방** : 영등1동 주변 자연·문화 발자취를 찾아서

○ **소라산 마을축제** : 도전 골든벨

○ **소라산 마을축제** : 마을음악회 (청소년장학금기탁식·경품추천)

○ **소라산 마을축제** : 오리엔티어링

○ **소라산 마을축제** : 보물찾기

마을복지

우리 마을 이야기가 동민의 행복한 웃음이 된다

■ 지역복지사업(2017-2018년)

2017년 동민 복지아카데미 개최

동민 복지활동가 평생복지학습

찾아가는 방문상담 및 복지사각지대 발굴

전라매일

저소득층 공익보험 지원 '한마음'

민관협력 지역복지사업 협약식

전주매일

아리신광교회, 영등1동 미등록 경로당 주거환경개선산업 실시

미등록 경로당 쾌적한 주거환경조성

영등1동지역사회보장협의체 회의 및 견학

노인대학·경로당 교육 및 방문상담

2018년 꿈다락 토요문화학교

이웃나눔

혼자만 잘살면 무슨 재민겨… 의산시 나눔·봉사 1번지

■ 나눔·봉사활동(2017-2018년)

주민자치위원회, 김장김치 봉사

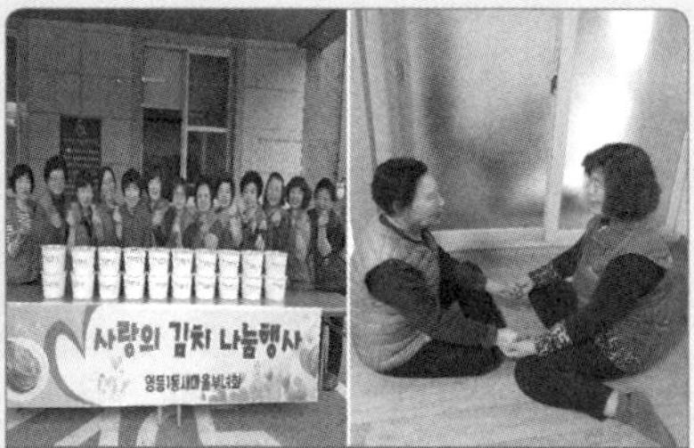

새마을부녀회, 독거노인 김치나눔 및 가정방문 봉사

통장협의회, 독거노인 안전돌보미

자율방범대, 폐지줍는 주민 후원 및 야간순찰

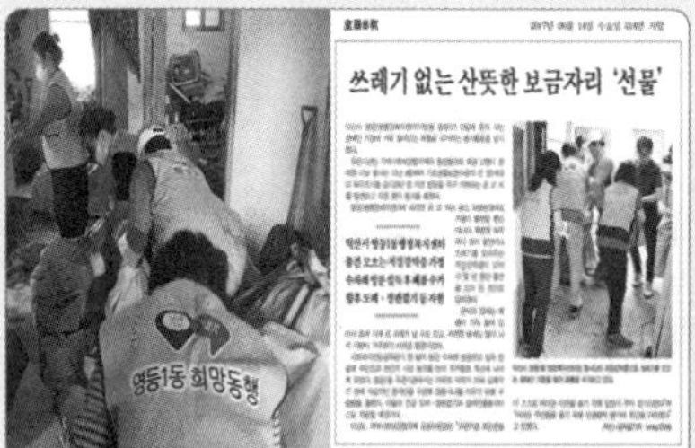

지역사회보장협의체, 장애인·독거노인 주거개선 봉사

이웃돕기성금·청소년장학금 기탁식

이웃나눔

나눔과 꿈이 있는 도서기증 운동

영등1동에 작은도서관 건립을 위해 도서를 비치할 수 있는 공간을 마련하고 있습니다.

이에 따라 각 가정에서 잠자고 있는 도서를 기증받고자 합니다.
기증 도서는 1층 양심서가에 비치되며, 주민들이 자유롭게 읽을 수 있습니다.

내게는 필요 없지만 누군가에게는 소중한 꿈을 만들어 갈 수 있는 이번 도서기증 행사에 주민 여러분의 적극적인 참여를 부탁드립니다.

▣ **기증기간** : 2019. 3. 20(수) ~ 8. 30(금)(공휴일 제외)
▣ **기증방법** : 방문기증(영등1동행정복지센터 1층 주민자치담당자)
▣ **기증도서** : 2000년이후 발행된 유아, 청소년, 성인도서 등 파손이 되지 않은 도서
▣ **안내전화** : 859-3576, 859-3563
▣ 도서를 많이 기증해 주신 분에게 감사의 선물을 드립니다.
※ 2019년 9월초(개별연락)

기부안내 나눔은 사회정의다

■ 가장 아름다운 습관, 기부종류

1인 1계좌

♥ 참여
금액 제한 없이 약정금액을 매 월 정기기부

♥ 혜택
연말소득공제 혜택

착한가정

♥ 참여
부모가 자녀에게 나눔의 가치를 몸소 보여주는 나눔 교육으로 한 가정에 매 월 2만원 이상 정기기부

♥ 혜택
- 가훈이 적힌 착한가정 인증패 및 스티커 제작
- 연말소득공제 혜택

착한가게

♥ 참여
자영업, 프랜차이즈, 학원, 중소기업, 병원 등 어떠한 업종도 참여 가능하며 매 월 3만원 이상 정기기부

♥ 혜택
- 착한가게 인증현판 제작
- 기부금영수증 발행 및 세제혜택
- 사랑의열매 홈페이지, 정기간행물을 통해 '착한가게' 홍보

■ 기부, 이렇게 참여해 주세요.

○ 신청기관 : 전북사회복지공동모금회(영등1동희망동행)
○ 신청기간 : 연중 가능
○ 신청방법 : 정기기부 - 1인1계좌, 착한가정, 착한가게(기업, 단체 등)
일시기부 - 현금, 현물, 재능
○ 안내전화 : 859-3571

기부천사 좋은 세상은 좋은 사람들이 만든다

■ 영등1동 희망동행 모금사업이란?

영등1동지역사회보장협의체·영등1동행정복지센터와 전북사회복지공동모금회가 기부협약을 체결하고 지역복지사업, 복지서비스 지원 등을 위한 기금조성을 위하여 연중 기부(현금, 현물, 재능)활동을 전개하고 있습니다.

■ 희망동행 모금·주민지원(2017~2018년)

2019. 1. 31 기준 (단위: 원)

구분	기부자수	기부건수	기부금액	지원금액	잔 액
1인1계좌	44	758	7,588,000	4,850,000	2,738,000
착한가정	14	25	700,000	-	700,000
착한가게	20	70	2,240,000	646,000	1,594,000
일시지정	20	20	11,490,000	11,013,500	476,500
합 계	98	873	22,018,000	16,509,500	5,508,500

■ 1인1계좌

강양희, 곽연숙, 김미자, 김순심, 김연주, 김은선, 김정회, 김종식, 김지은, 김진숙, 김화평, 김혜정, 남궁주석, 맹효순, 박숙자, 박영하, 박영혜, 박현주, 배윤희, 배정화, 성선화, 성유정, 성현규, 신정원, 안천순, 양희순, 오민섭, 유명구, 유혜진, 이강현, 이명철, 이임권, 이정은, 임탁균, 정다운, 정은경, 정종호, 조난영, 진은아, 최연호, 하연주, 하재숙, 한명란, 허 권

■ 일시지정

영등1동복지아카데미 참여자, 제1회 영등1동 소라산 자연문화기행 및 마을축제 청소년 장학금(김진대 외 15명), 영등1동주민자치위원회, 영등1동지역사회보장협의체, 영등1동 통장협의회, 영등1동새마을부녀회, 익산성모병원, 반딧불이봉사단, 익산시 가정어린이집 위원회, 동부종로약국, 상아약국, 샤브홀리, 센스광고기획, ㈜햇살, 익산스토리, 은혜한우 마을, 한성스포츠센터, 주동행교회, 청복교회, 천주교영등동성당

＊ 이 외 희망2017~2019 나눔캠페인 기부자는 지면 사정상 모두 소개하지 못하는 점 널리 양해하여주시기 바랍니다.

■ 착한가정·착한가게

【착한가정】

이삼노 | 정기정 | 김현석 | 김희식 | 김진규 | 장미경 | 박동권

민병준 | 최현선 | 채수훈 | 이용범 | 김민수 | 신동해 | 윤다영

【착한가게】

1호점 YES정보통신 | 2호점 한가위 | 3호점 (유)행복한푸드산업 | 4호점 우리신협 | 5호점 동서네낙지 | 6호점 정통추어탕

7호점 세권유통 | 8호점 궁웨딩컨벤션 | 9호점 스타탄생체형미 | 10호점 궁전인테리어 | 11호점 롯데개발 | 12호점 스튜디오숲 | 13호점 이조숯불갈비

14호점 마임화장품 | 15호점 썬플라워 | 16호점 등나무 | 17호점 엄마어린이집 | 18호점 The Coffee | 19호점 휴대폰 아울렛 | 20호점 막줄래곱창

안내전화

사회적 도움, 긴급복지서비스가 필요할 때 자살·고독사 등 힘든 위기에 처할 때 …

꼭 알아두면 도움 되는 생활전화안내

영등1동행정복지센터
859-3571, 3677
익산시 고봉로 18길
34(영등1동)

복지로(사이트)
http://www.bokjiro.go.kr
복지서비스 검색
온라인 신청 등

129(보건복지상담센터)
국번 없이 129
보건·복지관련 정보
상담서비스

전북서부아동보호전문기관
852-1391
익산시 인북로 112 (4층)
(갈산동)

전북서부노인보호전문기관
443-1389
군산시 진포로 151 3층
(경장동)

119(익산소방서)
국번 없이 119
익산시 무왕로 1338
(팔봉동)

익산경찰서
1566-0112
익산시 배산로 165-12
(모현동)

부송·팔봉지구대
836-1112
익산시 무왕로 1152
(부송동)

신동지구대
855-7094
익산시 익산대로 64길
34(신동)

익산시 민원콜센터
1577-0072
행정 서비스에서
생활민원까지

주저하지 마세요!

(직원: 김지은, 정다운)

• 발행처 : 영등1동지역사회보장협의체·영등1동행정복지센터
• 발행일 : 2019. 3.
• 연락처 : 859-3571, 859-3577

참고문헌

강위원(2017). 기적 아닌 날은 없다. 오월숲.

강희갑(2007). **사회복지법제론**. 양서원.

김 헌·전병관(2019). **동네복지, 민·관 협력으로 하나 되기**. 공동체.

김 훈(2006). **사회복지법제론**. 학지사.

김제선·전재현·황성조·박재현·김성복(2018). 사회복지전담공무원의 충원 효과 및 인사제도의 실효화 방안. 한국공공복지연구소.

김진학(2016). **소명**. 한빛애드프린원.

보건복지부(2021). 2021년 지역사회보장협의체 운영안내.

__________(2021). 2021년 희망복지지원단 업무안내.

사회보장정보원(2018). 통합사례관리 실천가이드.

사회복지공동모금회(2021). 2021 배분 사업안내.

오산시(2020). 오산시 언론 보도자료 작성 매뉴얼.

익산시 영등1동행정복지센터(2018). 영등1동에 살어리랏다.

전라북도사회복지행정연구회(2018). 사회복지대상자 + 행복e음 중심의 통합 사례관리 실천사례집.

전병관(2015). **국가복지에서 동네복지로**. 우물이 있는 집.

채수훈(2007). 사회복지 전달체계의 개선에 관한 연구. 원광대학교 대학원 석사 학위논문.

최성재·남기민(2001). **사회복지행정론**. 나남출판.

충청남도사회복지행정연구회(2019). 충청남도사회복지행정연구회 사회복지직 역량 강화 교육 자료집.

한국사회복지행정연구회(2016). 2016년도 제11회 공공복지정책 비전 대회 자료집.-읍·면·동 복지허브화 조기 정착의 첫걸음, 행복e음 초기상담 시스템 개선부터.

______________________(2017). 2017년도 제12회 공공복지정책 비전 대회 자료집.-읍·면·동 복지허브화 조기 정착을 위한 통합사례관리 활성화 방안 연구.

________________(2018). 2018년도 제13회 공공복지정책 비전 대회 자료집.－읍・면・동 맞춤형복지계에서 바라본, 찾아가는 보건복지서비스 안정 정착 및 활성화 방안.

________________(2019). 2019년도 제14회 공공복지정책 비전 대회 자료집.－찾아가는 보건복지서비스 활성화를 위한 통합사례관리 개선 방안.

________________(2020). 2020년도 제15회 공공복지정책 비전 대회 자료집.－지역사회통합돌봄사업 활성화를 위한 경로당과 보건지소(진료소) 활용방안 연구.

행정안전부・보건복지부(2021). 2021년 주민자치형 공공서비스 구축사업, 찾아가는 보건복지서비스 매뉴얼.

저/자/약/력

■ **채수훈(익산시 왕궁면장)**

1967년에 익산에서 태어나 원광대학교와 동 대학원의 사회복지학과를 졸업했다. 1993년에 사회복지공무원으로 최초 임용되었다. 27년여 동안 최일선 공공복지 현장에서 초지일관 실사구시 정신으로 주민 삶의 질 향상에 선구자 역할을 해왔다. 오늘도 주민 곁에서 지역사회복지의 이상을 꿈꾸며 무소의 뿔처럼 묵묵히 그 길을 걸어가고 있다.

공직자로 근무하면서 한국사회복지행정연구회 운영위원, 전라북도·익산시 사회복지행정연구회장, 전라북도사회복지사협회 부회장, 익산시 비서실장 등을 역임했다. 위원 경력으로는 보건복지부 국민기초생활보장제도 자문위원과 지역복지정책자문단 단원, 한국보육진흥원 어린이집 평가인증 평가위원, 한국보건복지인력개발원 전략 자문위원 등의 활동을 하였다.

원광보건대학교 사회복지과에서 겸임 조교수로 재직하였고, 교육원·기관·대학교 등에서 사회복지 강의를 하였다. 저서로는 『공공부조와 복지행정서비스』, 『익산시간여행』과 논문 『사회복지전달체계 개선방안에 관한 연구』 등이 있다. 보건복지부장관상, 적극 행정인 익산시장상과 방한천 공공복지대상, 한국보건복지인력개발원 교육기획 과정 공모전 대상 등을 수상하였다.

지역사회복지 플랫폼
– 사회복지공무원의 지역사회복지 이야기

|저자| 채수훈

|1판 1쇄| 발행 2021년 6월 15일
|1판 2쇄| 발행 2021년 7월 20일

|발행인| 김 동 훈
|발행처| 공 동 체

|주소| 경기도 고양시 일산동구 호수로 358-39, 동문타워 I 905호(백석동)
|전화| 031) 920-8305(대표)
|팩스| 031) 920-8308
|홈페이지| http://www.compub.co.kr
|전자우편| compub@naver.com
|출판등록| 2005년 10월 6일
|등록번호| 제396-2005-36호

|ISBN| 979－11－6105－474－2
정가 14,000원